August Höglinger

Die Sprache
des Körpers

Verlag A. Höglinger

1. AUFLAGE

Impressum:

Herausgeber und Verleger: August Höglinger
Lektorat: Johann Schnellinger, Textservice, Linz
Druck: Druckerei Rudolf Trauner GesmbH, Köglstraße 14, 4021 Linz
Cover: Projektagentur Weixelbaumer KEG, Landstraße 22, 4020 Linz
Satz und Layout: A3 Friedrich Jung Werbeservice GmbH, Franckstraße 45, 4020 Linz

Bestellungen an den Verlag:
Dr. August Höglinger, Fröhlerweg 8, A-4040 Linz
Tel.: ++43(0)732 / 75 75 77
Fax: ++43(0)732 / 75 75 77-4
E-Mail: office@hoeglinger.net
Internet: www.hoeglinger.net

ISBN 3-9501137-5-4

Die Sprache
des Körpers

1. AUFLAGE

Inhalt

Männliche/weibliche Form im Text

Ich habe aus Gründen der besseren Lesbarkeit und Verständlichkeit des Textes nur eine Form der Anrede gewählt, und zwar die männliche, weil sie die gängigere ist. Diese steht stellvertretend für beide Geschlechter. Ich bitte alle meine Leserinnen und Leser um ihr Verständnis.

Vorwort

Welche Sprachen sprechen Sie eigentlich? Deutsch, Englisch ...?

Ich vermute, dass in Ihrer persönlichen Aufzählung eine der wichtigsten fehlt: die Sprache des Körpers.

Die Körpersprache hat im Umgang zwischen Menschen eine wesentlich größere Bedeutung als das gesprochene Wort, denn der bei weitem überwiegende Teil unserer Kommunikation verläuft nonverbal. Da sie von allen Menschen gesprochen wird, ist die Körpersprache auch die weltweit meistgesprochene Sprache.

Die genaue Beobachtung und richtige Deutung der Körpersprache hilft Ihnen zuallererst, sich selbst besser zu verstehen. Sie hilft Ihnen aber auch, den anderen besser zu verstehen. Schließlich hilft sie Ihnen, vom anderen besser verstanden zu werden. Dies gilt für den beruflichen Bereich (zum Beispiel bei Verhandlungen) ebenso wie für den privaten Umgang miteinander (zum Beispiel in einer Partnerschaft).

Für jede Sprache gibt es ein Wörterbuch. Der vorliegende Band ist das Wörterbuch der Körpersprache. Weil es ein Nachschlagewerk ist, habe ich es nicht bebildert, damit es kurz und kompakt Auskunft über die Bedeutung und Deutung körpersprachlicher Ausdrucksformen gibt. Es will Sie zu einem einfühlsamen Umgang mit sich und Ihren Mitmenschen motivieren und Sie auf Ihrem Weg zu einer geglückten Kommunikation begleiten.

Viel Freude beim Verstehen und vor allem beim Sprechen der Körpersprache wünscht Ihnen

August Höglinger

Linz, Jänner 2005

Allgemeines zur Körpersprache

Die Körpersprache besteht – wie jede Sprache – aus Buchstaben und Wörtern. Die beiden wichtigsten Wörter der Körpersprache sind: *öffnen* und *schließen*.

ÖFFNEN	SCHLIESSEN
• Ich *öffne* mich zum anderen hin. • Ich bin innerlich offen. • Ich bin bereit, zu geben und zu nehmen. • Ich teile mich mit. • Ich gehe nach außen. • Ich vertraue, brauche keinen Schutz. • Ich habe ein Gefühl von Offenheit und Weite.	• Ich *schließe* mich vom anderen ab. • Ich bin innerlich verschlossen. • Ich will nicht geben und nicht nehmen. • Ich will mich nicht mitteilen. • Ich gehe nach innen. • Ich schütze mich. • Ich habe ein Gefühl von Geschlossenheit und Enge.

Der Körper kann nicht schweigen.

Wir alle sprechen die Körpersprache!

- Die Körpersprache ist die Sprache, die jeder ständig spricht – wie von selbst und unbewusst.
- Kaum jemand nimmt sie bewusst wahr, das heißt er oder sie fasst die Signale gedanklich in Worte. (Zum Beispiel: Jetzt hat mein Gesprächspartner die Mundwinkel leicht

nach oben gehoben.) Sie wird meist unbewusst wahrgenommen und wie unbewusst gesprochen. Wir reagieren in der Regel gefühlsmäßig auf körpersprachliche Zeichen des anderen.

- Wir erfassen die nonverbalen Signale immer nur als Gesamtbild, obwohl wir eine Fülle von Teilinformationen erhalten (wie Körperbau, Kleidung, Gestik, Tonfall, Haarfarbe und so weiter). Wir sagen dann: „Die Person hat einen Eindruck auf mich gemacht."
- Unser Körper reagiert sofort und blitzschnell – wie es beispielsweise bei „Liebe auf den ersten Blick" ist. Noch bevor wir überhaupt etwas gedanklich in Worte fassen können, was passiert ist, hat der Körper bereits eine Fülle von Informationen verarbeitet und reagiert mit entsprechenden Signalen, wie etwa den leuchtenden Augen oder dem Erröten.

93–97 % der Kommunikation laufen ohne Worte ab.
3–7 % der Informationen werden mit Worten vermittelt.

Die Bedeutung der Körpersprache in der Kommunikation

Im Gegensatz zur allgemein vorherrschenden Meinung hat die Kommunikation auf nichtsprachlicher Ebene bei der gegenseitigen Verständigung wesentlich mehr Bedeutung als das gesprochene Wort.

Die Interpretation der Körpersprache

Bewerten und urteilen Sie nie vorschnell!
Es könnte auch ganz anders sein, als Sie meinen. Erst mit viel Einfühlungsvermögen und Gespür beziehungsweise mit

genauer Kenntnis der Umstände sind richtungweisende Aussagen möglich.

Fragen Sie immer nach, wenn Sie die Körpersprache Ihres Gesprächspartners nicht verstehen!

Welche Sprache sprechen wir?

- Körpersprache ist angeboren, anerzogen und angelernt.

– angeborene Signale:	das Lachen, das Weinen, das Naserümpfen
– anerzogene/erlernte Signale:	das Händeschütteln beim Begrüßen, das Victory-Zeichen

- Körpersprachliche Signale sind unbewusst oder bewusst.

– unbewusste Signale:	das Schwitzen, das Frösteln, das Erröten
– bewusste Signale:	die offenen Arme, die zusammengepressten Lippen

- Körpersprachliche Signale sind nicht interkulturell. Verschiedene Kulturkreise haben unterschiedliche Ausdrucksweisen entwickelt. Dies sollte man bei Kontakten mit Menschen aus anderen Kulturkreisen unbedingt berücksichtigen, um Missverständnisse zu vermeiden.

Der Körper lügt nicht!

Unsere Empfindungen und Wünsche äußern sich stets unmittelbar physisch, daher kann die Körpersprache nicht lügen. Die Körpersprache unseres Gesprächspartners verrät uns manchmal mehr, als ihm vielleicht lieb ist. Oft steht das gesprochene Wort im Widerspruch zur Sprache des Körpers. Wir erhalten dann so genannte *Doppelbotschaften*:

1. die Botschaft der Sprache und
2. die Botschaft des Körpers.

Jemand sagt mit Worten „JA" und schüttelt dabei den Kopf. Jemand sagt: „Dein Argument ist sehr interessant" und stellt dabei das Glas weg.

Gedankensplitter zur nonverbalen Kommunikation

> Die Körpersprache ist nie richtig oder falsch.
> Sie spricht, was ist.

Kommunikation heißt Wege zur Öffnung finden

- Wir kommunizieren, weil wir einen Körper haben. In der englischen Sprache gibt es dazu die Unterscheidung zwischen *somebody* und *nobody*. Wenn du jemand für mich bist, also Bedeutung für mich hast, dann bist du gleichsam ein *Somebody* (das heißt du hast für mich einen Körper). Bist du für mich bedeutungslos und ignoriere ich dich deshalb, dann bist du ein *Nobody* (das heißt du hast für mich keinen Körper).

- Es ist unmöglich, nicht auf die Umwelt zu reagieren: „Ich habe gar nichts getan!" – „Eben!"

- Benennungen werden vom Körper immer in Körpersprache umcodiert.

- Gedanken wirken sich körpersprachlich aus. Achten Sie stets darauf, was Sie denken! Geändertes Denken bewirkt eine geänderte Körpersprache.

- Keine Bewegung, die wir machen, ist zufällig, sondern immer ein Ergebnis des bewussten oder unbewussten Denkens. Ruckartige Bewegungen deuten auf eine plötzliche Einsicht hin.

- Etwas ist erst dann richtig gelernt, wenn es auch körperlich gelernt ist. Zum Beispiel: Ein Kind lernt zählen oder über Stufen steigen: „Eins – zwei – drei."

- Der Körper kann manipulieren (beeinflussen). Zuerst beeinflussen wir uns selbst. Die anderen beeinflussen wir, indem wir ein anderes körpersprachliches Angebot machen.

- Was den Körper aufrecht hält:

  - das Sehvermögen
  - das Wahrnehmen des Bodens mit den Füßen (Fußsohlen)
  - das Gleichgewichtsorgan
  - die Antigravitationsmuskeln

- Der Organismus nimmt nur Veränderungen wahr (bei uns selbst und beim anderen). Was wir also wahrnehmen, ist der Unterschied zwischen den Dingen und nicht das Ding selbst.

- Reiz und Reaktion: Wir erwarten uns auf jeden Reiz, auf jedes ausgesendete Signal eine Antwort. Jemanden zu übersehen, nicht auf ihn, auf sein Signal zu antworten, bedeutet Liebesentzug und Ignoranz: „Nicht einmal ignorieren!" Die Reaktion braucht nicht zustimmend zu sein, sie muss aber vorhanden sein. Einem Liebesentzug folgt automatisch ein Informations- und Aktionsentzug.

- Wirklichkeit ist das, was wirkt. Wie es auf den anderen wirkt, zählt – wie der andere darauf reagiert und nicht, wie es von mir gemeint ist.

- Wer Gefühle nicht äußert, ist nicht wahrnehmbar.

- Jeder will zuerst in seinen Gefühlen wahrgenommen werden. Emotionen eskalieren nicht, wenn sie wahrgenommen werden.

- Unsere Wahrnehmung hängt von unseren Bedürfnissen ab. Starke Bedürfnisse konzentrieren die Wahrnehmung und blenden den Rest aus.

- Der Organismus braucht zum Verstehen Ordnung und Reihenfolge.

- Etwas verstehen kommt nicht von Verstand, sondern von stehen und sich verstanden fühlen.

- Um mitzukommen, muss man den Standpunkt verlassen. Manche Menschen hören zu, kommen aber nicht mit. Ändern Sie bei Widerstand unbedingt die Position oder die Sitzordnung!

- Es ist ein wesentlicher Unterschied, ob man mit offener Hand spricht oder mit dominantem Finger.

- Fährt man mit dem Finger die Wange herunter, so wird man traurig. Fährt man mit dem Finger die Wange hinauf, so entsteht Freude.

- Wir ergreifen einander beim Grüßen und messen dabei unsere Kraft.

- Angst versteift den Körper und ein versteifter Körper hält die Angst fest. Die offene Bewegung entlässt die Angst und verschafft die Zuneigung des Partners.

- Jede unerledigte Sache erzeugt eine Muskelverspannung. Jede Kontraktion ist informationshemmend.

- Die Verdauung steht symbolisch dafür, wie ein Mensch Informationen und Gefühle verarbeitet.

- Das Öffnen hat als Gegenpol das Schließen. Zum Beispiel: Einen Muskel zu öffnen bewirkt immer, dass ein anderer (Gegen-)Muskel sich schließt.

- Zwischen Menschen ist es immer subjektiv. Wenn zwei Menschen einander treffen, springen sie mit ihrer Kommunikation in die Mitte einer Geschichte.

Das Bedürfnis,
dass wir erkannt werden,
ist viel größer als die Furcht,
dass wir durchschaut werden.

Interpretation körpersprachlicher Signale

Wie kann ich mit den Augen „hören"?

1. Schritt: Wahrnehmen und Analysieren der Signale
2. Schritt: Bewerten und Interpretieren der Signale

Wahrnehmen und Analysieren der Signale

- Körpersprachliche Signale werden meist unbewusst erfasst, daher müssen wir zuallererst unsere *bewusste* Wahrnehmungsfähigkeit trainieren. Wenn wir wissen, worauf wir achten sollen, dann werden wir in Hinkunft *anderes* wahrnehmen. Eine Fülle von neuen Informationen strömt auf uns ein.

- Wahrnehmen und Analyse der Signale setzen voraus:

  - einen geschulten, scharfen Blick
  - ein geschultes Gehör
  - ein gutes Gespür (= Einfühlungsvermögen für andere Menschen, Menschenkenntnis)

Bewerten und Interpretieren der Signale

1. Ein einzelnes Signal hat keine eindeutige Aussagekraft

Man kann nicht sagen, dass dieses oder jenes Signal genau dieses oder jenes bedeutet – es kann so sein, muss es aber nicht. Einzelne Worte haben ja auch keine eindeutige Aussagekraft.
Zum Beispiel: Ich verschränke meine Arme. = Ich verschließe mich. (Es könnte auch sein: Mir ist kalt.)

2. *Ein Signal ist nur ein Hinweis – aber eben nicht der alleinige*

Erst eine *Signalgruppe* (= mehrere Signale deuten in eine bestimmte Richtung) kann eine gewisse Aussagekraft beinhalten.

Ausnahmen zur Regel

Es handelt sich dabei um einzelne Signale, die sehr stark für sich allein sprechen:

1. ausgeprägte, stark auffallende Gesten, die eindeutig im Widerspruch zum Gesagten stehen
2. alle abrupten Veränderungen der Körperhaltung wie ein plötzliches Sich-Vorbeugen

**„Keine körperliche Haltung oder Bewegung hat eine exakte Bedeutung für sich.
Körpersprache und Sprache sind voneinander abhängig."**
(Ray L. Birdwhistell, Kinetiker)

Wir müssen Worte und körpersprachliche Signale gleichzeitig wahrnehmen, wenn wir ein nonverbales Signal deuten wollen.

Illustrationssignale	Signale, die das Gesagte verdeutlichen (zum Beispiel: der Preis ist hoch und die Hand geht nach oben); nach oben offene Hände: geben, nehmen, beachten; nach unten offene Hände: zudecken, beschwichtigen, herabmindern

Verlegenheitssignale	am Kopf kratzen, am Ohr ziehen, mit dem Finger über die Nase streichen
Annäherungs- und Zuwendungssignale	Blickkontakt, räumliche Annäherung, ansprechen, Zuwendung mit dem Körper, offener Gesichtsausdruck, ausgestreckte und nach oben offene Hände
Abweisungs- und Abwendungssignale	Armverschränkung; wegdrehen; wegbiegen; wegsehen; abweisende, wegwerfende oder drohende Gesten; Drohmimik; plötzlich laute Stimme
Bestätigungssignale	im Gespräch nicken, lächeln, entspannte und ruhige Stimme
Bindungssignale	räumliche Nähe, lächeln, Berührung, Haltungsecho (= Gleichklang in der Haltung)
Dominanzsignale	Kinn heben, straffe Haltung, wenig Blickkontakt, Körpervergrößerung (zum Beispiel: Arme in die Hüften stützen)
Unterlegenheitssignale	ängstliche Mimik, gespannte Haltung, unechtes Lächeln, Verlegenheitshandlungen (zum Beispiel: am Kopf kratzen)

Ich weiß nicht, was soll es bedeuten?

Wenn Ihr Gesprächspartner ...	*... dann kann das bedeuten: ...*
den Kopf ruckartig zurückwirft	Trotz, Ablehnung
den Kopf einzieht	Angst, Verkrampfung
die Augenbrauen hebt	Ungläubigkeit, Arroganz
durch Sie hindurchschaut	Geistesabwesenheit
keinen Blickkontakt hält	Desinteresse, Unsicherheit
häufig die Lider bewegt	Nervosität
den Mund öffnet	Erstaunen, Überraschung
immer langsamer spricht	Unsicherheit, Unwilligkeit
die Lippen zusammenpresst	Zorn, Nachdenklichkeit
das Kinn streichelt	Nachdenklichkeit, Selbstgefälligkeit
mit dem Oberkörper nach vorne kommt	Interesse, will unterbrechen
den Oberkörper weit zurücklehnt	Desinteresse
eine Hand vor die Brust legt	Beteuerung

den Zeigefinger hebt	Belehrung, Tadel
sich die Hände reibt	Selbstgefälligkeit
die Füße verschränkt	Unsicherheit

Wie spricht unser Körper?

Unser Körper spricht durch:

1. Haltung

- Haltung, die ein Mensch gerade einnimmt
  zum Beispiel: ob er gerade steht, wie er sitzt

- Bewegungen, die mit einem Verlagern des Körpergewichts einhergehen
  zum Beispiel: irgendwo anlehnen, mit dem Oberkörper zurückweichen, das Gehen

2. Abstand

- Abstand zu anderen Menschen, Tieren und Gegenständen

- plötzliche Bewegungen, die ein Verändern der Distanz zum Ziel haben
  zum Beispiel: einen Schritt vor- oder zurücktreten

3. Gestik

- Sprache der Hände, Gebärden der Arme
  zum Beispiel: mit dem Finger zeigen, eine Faust ballen

- Handlungen
  zum Beispiel: eine Tür öffnen, eine Person begrüßen

4. Mimik

- alle Erscheinungen, die im Gesicht eines Menschen zutage treten
  zum Beispiel: Lachen, Weinen, Stirnrunzeln, Naserümpfen

- psychosomatische Prozesse
  zum Beispiel: Erröten, Blasswerden, Erweiterung der Pupillen

5. Stimme

- alle Erscheinungen beim Sprechen, die sich nicht auf den Inhalt beziehen

- *wie* jemand etwas sagt
  zum Beispiel: Sprachmelodie, Sprechrhythmus, Sprechpausen, Lautstärke

Wir achten natürlich nicht nur auf die Signale des Körpers beim Menschen. Besondere Wirkung auf uns haben beispielsweise auch Kleidung und Schmuck des Trägers – wie ein bekanntes Sprichwort sagt: „Kleider machen Leute." Auch *Statussymbole* lassen unser Gegenüber in einem anderen Licht erscheinen. (Siehe auch unter „Die Wirkungen von Kleidung und Statussymbolen", Seite 82.)

Die Haltung – aufrecht und gerade

Äußere und innere Haltung

Die *äußere Haltung* eines Menschen hat immer auch etwas mit seiner *inneren Haltung* (= emotionale Sicherheit und seelisches Gleichgewicht) zu tun. Äußere und innere Haltung beeinflussen sich wechselseitig.

„Das Problem der emotionalen Sicherheit eines Menschen kann nicht getrennt werden von der Frage nach der physikalischen Sicherheit, nach seiner Bodenhaftung durch die Füße."
(Alexander Lowen, Bioenergetiker)

Verändert man die äußere Haltung, so verändert sich auch die innere Haltung:

- Zu einem depressiven Menschen sagt man, er solle sich aufrichten.
- Die aufrechte, stocksteife Haltung beim Militär bewirkt Unbeweglichkeit auch im Denken. Die Soldaten sollen ja widerspruchslos die Befehle hinnehmen und umsetzen.

Stehen

Stehen dokumentiert, wie wir zu Dingen stehen (zum Beispiel: Der Westernheld bleibt bei Gefahr stehen).
Wer nicht gerade steht, weicht aus.

STEHEN – einen STANDpunkt einnehmen – WiderSTAND leisten – etwas verSTEHEN

aufrecht stehen	• Die Verbindung zur Aufrichtigkeit ist gegeben, man spricht deshalb auch von einem aufrechten Menschen.
ein wackeliger Stand	• Auch die Argumente dieses Menschen stehen auf wackeligen Beinen.
Stand auf beiden Fußsohlen mit gutem Bodenkontakt und eine Körperhaltung, die Festigkeit vermittelt	• Von so einem Menschen sagt man: „Er steht mit beiden Beinen fest auf dem Boden." • Bei ihm handelt es sich in der Regel um einen realistischen Menschen.
unbeweglich auf einem Punkt stehen	• Dieser Mensch hat einen Standpunkt. • Er lässt sich nicht von seinem Standpunkt abbringen.
auf den Fersen stehen	• Dieser Mensch ist konservativ.
auf den Ballen stehen	• Dieser Mensch ist risikofreudig und vorwärts strebend. • Er ist schon halb in Bewegung.

Die *Fußspitzen* deuten die Richtung an, in die man will (mein Interesse geht in diese Richtung, zu dieser Person).

TIPP: In festgefahrenen Verhandlungssituationen kann es hilfreich sein, den Platz zu wechseln, um einen anderen Standpunkt, eine andere Sichtweise einzunehmen. Und durch Körperbewegung kommt wieder Bewegung in die Verhandlungen. Pausen und Unterbrechungen sind in diesem Fall eine sehr unterstützende Maßnahme.

Merkmale der Körperhaltung

1. Offene und geschlossene Körperhaltung

Menschen schützen wie alle Lebewesen instinktiv ihre Halsschlagader und die vordere Körperpartie (Weichteile) bei Gefahr.

a) *Offene Haltung:* Hals- und Brustraum sind frei und ungeschützt.

- Sie kann signalisieren: Offenheit, Zuwendung, Interesse.

b) *Geschlossene Haltung:* Die Vorderfront ist abgedeckt.

- Zum Beispiel: vor der Brust verschränkte Arme, ein Ordner als Schutzschild, am Schreibtisch hinter einem Berg von Akten verschanzt, ein eingezogener Kopf.
- Sie kann signalisieren: Verschlossenheit, Ablehnung, Unsicherheit.

2. Gewichtsverlagerung

Es geht um die Frage der Balance. Unser Körper sucht immer wieder die Balance.

a) *Steht der Mensch aufrecht, ohne stocksteif zu wirken* = Schwerpunkt liegt in der Körpermitte:

- Je gerader beziehungsweise aufrechter die Haltung eines Menschen ist, desto weniger Muskelkraft ist notwendig und desto entspannter ist er. Je weniger aufrecht die Haltung ist, desto verkrampfter und verspannter ist die Person.

- Durchgedrückte Beine deuten auf Sturheit hin, seine Meinung durchdrücken zu wollen.

b) *Ist der Oberkörper nach vorne geneigt* = Gewicht ist vor das Becken verlagert:

- Dies kann Zuneigung, aber auch Unsicherheit, ein eingekerkertes Herz und Einigeln bedeuten.
- Mögliche Deutung: Dieser Mensch ist in seinem Denken voraus, sein Handeln hinkt nach.

c) *Ist der Oberkörper nach hinten geneigt* = Gewicht ist hinter das Becken verlagert:

- Dies kann Zurückhaltung bedeuten.
- Diese Körperhaltung wirkt im Zusammenhang mit einem Blick von oben herab arrogant. (Überheblich wirkende Menschen sind innerlich meist sehr unsicher.)

d) *Ist der Körper mehr nach rechts geneigt, Standbein rechts:*

- Die rechte Körperhälfte wird durch die linke Gehirnhälfte gesteuert (= Sitz des logischen Denkens und des Intellekts, Zentrum der Sprache).
- Dieser Mensch besitzt eine rationale Denkart und logisches Handeln.
- Er ist mit Daten und Fakten am besten ansprechbar.

e) *Ist der Körper mehr nach links geneigt, Standbein links:*

- Die linke Körperhälfte wird durch die rechte Gehirnhälfte gesteuert (= Sitz der Gefühle und der Bilder).
- Dieser Mensch besitzt ein intuitives, gefühlsmäßiges Handeln.
- Er ist bildhaft am besten ansprechbar.

3. Freie beziehungsweise angelehnte Körperhaltung

Steht eine Person überwiegend frei oder muss sie sich immer irgendwo anlehnen?
Wenn diese Frage mit JA zu beantworten ist, kann dies Anlehnungsbedürftigkeit signalisieren.

Standarten – ein fester Stand
(nach Horst Conen)

Der feste Stand

Beide Beine stehen zirka 30 cm auseinander (Hüftbreite), die Fußspitzen zeigen etwas nach außen. Dabei sind die Knie nicht ganz durchgedrückt. Beide Füße sind gleichmäßig belastet.

- Der feste Stand macht gute Verankerung und Verwurzelung möglich.
- Er strahlt Selbstbewusstsein, Standfestigkeit und Ausgeglichenheit aus.
- Die Person hat einen Standpunkt, steht zur Sache, kann Problemen standhalten.

Der enge Stand

Beide Beine sind eng aneinander gestellt.

- In diesem Stand lässt sich die Balance nicht gut halten. Es ist keine ausreichende Verankerung möglich.
- Die Person wirkt unsicher, zurückhaltend, gehemmt.

Der weite Stand

Die Beine sind breit (zirka 50 cm) auseinander gestellt. Die Fußspitzen zeigen schräg nach außen und verbreitern zusätzlich optisch den Stand.

- Das Gefühl von Festigkeit wird nur vorgetäuscht.
- Der Stand wirkt bedrohlich, herausfordernd, sich breit machend, bewachend, angeberisch.

Der locker-lässige Stand

Bei diesem Stand ist das Körpergewicht ungleichmäßig auf die Füße verteilt. Stand- und Spielbein wechseln einander häufig ab.

- Durch die einseitige Belastung ist eine gute Erdung nicht möglich.
- Die Person kann gelockert, mühelos, entspannt wirken.
- Die Wirkung kann aber auch sein: unernst, keinen wirklichen Standpunkt haben.

Der gekreuzte Stand

Die Beine sind überkreuzt. Das Gewicht ist ungleichmäßig auf die Füße verteilt. Ein Fuß berührt nur teilweise den Boden. Das Gewicht lastet auf dem Standbein.

- Beim gekreuzten Stand sind Standfläche und Bodenkontakt gering.
- Er ist ein sehr unsicherer Stand ohne Stabilität.
- Er wirkt entspannt, lässig, aber auch unernst, nachlässig, verspielt.

Das Sitzen – mein guter Platz

Der Sitzplatz im Raum

- Wo ist mein Sitzplatz im Raum (zum Beispiel im Büro)? Habe ich die Eingangstür im Rücken, so bin ich ständig angespannt. Es könnte Gefahr von hinten drohen.

  Standort von Tisch und Stuhl:

– in der Mitte des Raumes:	dominiert den Raum, stabiles Selbstbewusstsein
– an der Seitenwand:	verschiebt die Zimmerachse, vermeidet direkte Konfrontation mit dem Eintretenden
– am Ende gegenüber dem Eingang:	Übersicht ist gegeben, meist sitzen dort Chefs

Tisch-Territorien

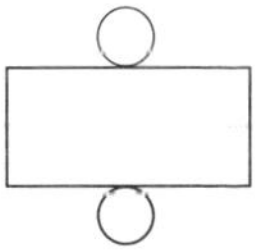

- Wenn zwei Menschen einander gegenübersitzen, dann teilen sie sich den Tisch unbewusst in zwei gleich große Territorien auf.
- An einem Restauranttisch werden die Grenzen beispielsweise durch Salz- und Pfefferstreuer oder durch die Zuckerdose markiert.
- Schiebt unser Gegenüber einen Gegenstand in unser Territorium, so schieben wir diesen automatisch und unbewusst wieder zurück.
- Je öfter Übergriffe in unser Revier stattfinden, desto unwohler fühlen wir uns und desto schneller werden wir versuchen, das Gespräch zu beenden.

Die Arten von Stühlen und ihre Wirkungen

- Ein Stuhl ist nicht nur eine Sitzgelegenheit, sondern drückt auch den Status aus. Höherrangige Personen haben größere, qualitativ hochwertigere, repräsentativere Stühle und sehen es gar nicht gern, wenn Untergebene ebenfalls einen derartigen Stuhl benutzen.

– Hohe Rückenlehne:	Je höher die Rückenlehne ist, desto höher ist der Status einer Person.
– Erhöhte Sitzposition:	Sie verleiht Macht und Status (Könige saßen immer auf einer erhöhten Position). Der Gesprächspartner fühlt sich automatisch kleiner.
– Drehstuhl und starrer Stuhl:	Ein Drehstuhl gibt mehr Bewegungsfreiheit und symbolisiert mehr Macht und Status als ein starrer Stuhl.
– Armlehne:	Sie weist auf einen höheren Status hin.

TIPP: Setzen Sie sich niemals ungefragt auf den Schreibtischstuhl einer anderen Person. Sie begehen damit eine Revierverletzung. Manche Personen empfinden es auch als Revierverletzung, wenn sie zum Beispiel in einem Bus, den sie täglich benutzen, immer an einem bestimmten Platz sitzen – und da sitzt eines Tages eine andere Person. Dasselbe gilt für Lieblingsplätze in Cafés, auf Parkbänken oder für unseren Lieblingsparkplatz. Wir betrachten diese Plätze als unser Revier.

Sitzhaltungen – Sitzpositionen

Der *Gesamteindruck* gibt uns Aufschluss über die innere Befindlichkeit einer Person.

- Ist die Haltung offen oder geschlossen?
- Wie viel Raum wird in dieser Haltung eingenommen? (Hat die Person ihre Beine weit von sich weggestreckt oder eng angezogen?)
- Ist die Haltung entspannt oder gespannt?

Sitzpositionen, Sitzhaltungen und ihre möglichen Bedeutungen oder Wirkungen

nach hinten gelehnt und Arme hinter dem Kopf	• Es handelt sich um eine Überlegenheitsgeste, eine typische Geste für Personen, die sich ihrer Sache sicher sind: „Ich habe den Überblick. Ich habe alles unter Kontrolle." • Diese Sitzhaltung kann auch ein territoriales Signal sein und einen bestimmten Platzanspruch demonstrieren.
Oberkörper nach vorne gelehnt, mit beiden Armen auf Knien abgestützt	• Die Person möchte das Gespräch beenden, sie befindet sich in Startposition.
ganz vorne auf der Stuhlkante sitzend	• Die Person nimmt wenig Raum ein, fühlt sich nicht wohl in der Situation.

Füße sind bei den Stuhlbeinen eingehakt	• Diese Sitzposition drückt ein Bedürfnis nach Sicherheit und Halt aus. • Die Person hält an ihren Standpunkten fest.
Füße auf dem Tisch	• Es handelt sich um eine besitzanzeigende Geste, die den Anspruch auf den Tisch signalisiert.
rittlings sitzen (Lehne ist vorne)	• Die Lehne dient als Schutzschild und macht die Person zu einem aggressiven, dominanten „Krieger". • Personen in dieser Haltung sind meist dominant und wollen den Gesprächspartner oder die Gruppe beherrschen.
Beine breit auseinander	• Es handelt sich um eine männliche Sitzhaltung. • Sie kann Ausdruck von Lässigkeit, Unbekümmertheit, Entspannung, aber auch eine Provokation sein.
Beine übereinander	• Diese Sitzhaltung schränkt die Bewegungsfähigkeit ein. • Es handelt sich um eine entspannte Sitzhaltung, die aber auch gegebenenfalls Verschlossenheit signalisiert. • Ist das Bein zum Gegenüber hin übergeschlagen, so signalisiert diese Sitzhaltung Zuwendung; ist es vom Gegenüber weg übergeschlagen, so signalisiert dies Abwendung.

ein Bein mit dem Knöchel auf den Oberschenkel des anderen Beines gelegt (Knie – Knöchel)	• Diese Sitzhaltung signalisiert Selbstbewusstsein und Entspannung. • Sie steht für sich breit machen, viel Raum beanspruchen. • Sie kann auch auf Streitbarkeit und Konkurrenzverhalten hindeuten. • Diese Haltung wird eher von Männern eingenommen.
Überkreuzen der Beine am Knöchel (Knöchel – Knöchel)	• Diese Sitzhaltung signalisiert Entspannung. • Aus dieser Haltung kann man nur schwer sofort aufspringen und in Aktion treten.
Beine verschlingen	• Es handelt sich um eine „Selbstumarmung“ – eine typisch weibliche Körperhaltung.
zurücklehnen während oder am Ende des Satzes	• „Ich komme nicht mehr mit!“ • Der Sprecher distanziert sich gefühlsmäßig von dem, was er sagt. • „Ich habe gesprochen, jetzt bist du dran!“ • Diese Sitzhaltung kann aber auch Distanzierung bedeuten.

Sitzanordnungen am Tisch und ihre Wirkungen

- Für vertraute Gespräche ist es optimal, wenn sie übereck stattfinden.
- Hauptdarsteller und Chefs sitzen am Kopf oder in der Mitte des Tisches.
- Stille Beobachter suchen sich gern einen Eckplatz.

Sitzpositionen bei Verhandlungen

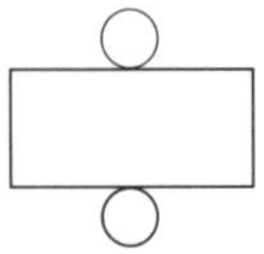

Von Angesicht zu Angesicht:

- So sitzen Konkurrenten und gleichberechtigte Partner.
- Wenn zwei einander gegenübersitzen, schauen sie sich gern tief in die Augen oder streiten.
- Diese Sitzanordnung wird auch gewählt, wenn einer den anderen tadelt.
- Sie kann ein Über- oder Unterordnungsverhältnis ausdrücken.

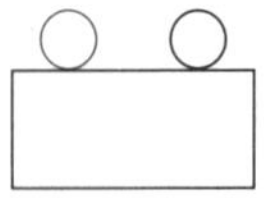

Seite an Seite – die kooperative Position:

- Personen, die ähnlich denken oder an einer gemeinsamen Aufgabe arbeiten, wählen oft diese Position.

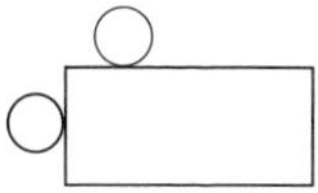

Übereck – die Position für Verhandlungen:

- Übereck ist die Position bei einem zwanglosen, freundlichen Gespräch.
- Der andere kann angeblickt werden oder auch nicht, je nach Erfordernis der Situation.
- Die Territoriumsgrenze ist die Diagonale.

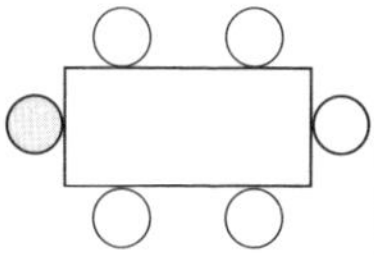

Die Konferenzrunde:

- Der Chef sitzt am oberen Tischende, die zweitwichtigste Person sitzt ihm gegenüber, die Vertrauten des Chefs sitzen links und rechts neben ihm.

TIPP: Durch ein leichtes Verrücken des Stuhles (aus der Konfrontationsposition) kann ich meinem Gegenüber signalisieren, dass ich ihn oder sie nicht angreife.

Das Gehen – wie geht's?

Gehen heißt:

- sich bewegen (= movere, motivieren)
- sich auf ein Ziel zubewegen/hinbewegen
- sich von etwas wegbewegen (zum Beispiel vor einer Konfrontation fliehen)
- sich verändern
- einen sicheren Standpunkt verlassen und damit ein Risiko eingehen

Lange Schritte – kurze Schritte

lange Schritte	• Die Person will schnell vorwärts kommen. • Sie denkt in weiten Bögen, in großen Zügen, großspurig. • Sie nimmt auch Risiko auf sich. • Sie ist nicht an Details interessiert.
kurze Schritte	• Die Person neigt zur Vorsicht, will nichts überhasten und alles sorgfältig prüfen. • Sie will zum Beispiel meist über alle Details informiert werden und braucht Experten, die über alles Bescheid wissen. • Sie ist sehr auf Ordnung bedacht und arbeitet penibel.

Richtung der Fußspitzen

Füße und Fußspitzen zeigen direkt nach vorne	• Es handelt sich um einen zielbewussten Menschen.
Füße und Fußspitzen zeigen nach innen	• Diese Fußposition hat eine bremsende und blockierende Wirkung.
Füße und Fußspitzen zeigen nach außen	• Dieser Mensch will zielbewusst erscheinen, zeigt aber auch, dass er für Ablenkungen offen ist (sich in verschiedene Richtungen ziehen lässt).

Breiter Gang – schmaler Gang

breiter Gang	• Dieser Gang wirkt bedächtig, zeugt von Bodenfestigkeit. • Sicherer Tritt geht vor Raumgewinn.
schmaler Gang	• Dieser Gang drückt Unsicherheit und Labilität aus.

Ein Gedankenanstoß

Beachten Sie einmal die unterschiedliche Wirkung folgender Fragen:

- Wie geht es dir?
- Wie läuft es?
- Wie steht es?

TIPP: Gehen Sie als Vortragender nicht ständig herum. Das verursacht beim Publikum Stress.

Die Gangarten – zielstrebig vorwärts
(nach Horst Conen)

Der dynamische, ausgeglichene Gang

Dynamische Schritte werden über die Ferse aufgesetzt und ausgewogen abgerollt. Die Arme schwingen locker mit. Der Oberkörper ist aufgerichtet.

- Wirkung: Der Gang wirkt ausgeglichen, dynamisch, selbstbewusst, zielstrebig und offen.
- Mögliche Deutung: Die Person schreitet aufgeschlossen und aufmerksam durchs Leben.

Der marschierende Gang

Bei diesem Gang werden große Schritte gemacht. Die Füße werden hart über die Ferse aufgesetzt. Die Arme schwingen häufig weit ausladend mit. Der Oberkörper ist gerade hochgestreckt.

- Wirkung: Der Gang wirkt formal, streng, konsequent und beherrscht.
- Mögliche Deutung: Die Person stürmt unerschütterlich durchs Leben.

Der trappelnde Gang

Die Schritte sind laut hörbar. Das Gewicht des Oberkörpers wird bei jedem Schritt voll auf die Füße übertragen. Die Armbewegungen sind nicht schwingend, sondern schlagend.

- Wirkung: Der Gang wirkt schwerfällig, plump und behäbig.
- Mögliche Deutung: Die Person stapft schwerfällig durchs Leben.

Der schleifende, latschende Gang

Bei diesem Gang werden die Fußsohlen beim Gehen nicht richtig abgehoben beziehungsweise abgerollt. Die Füße werden über den Boden gezogen. Die Arme baumeln am Körper herunter, schwingen aber nicht mit. Der Oberkörper ist leicht vorgeneigt.

- Wirkung: Der Gang wirkt müde, wenig aktiv, mühevoll und heruntergekommen.
- Mögliche Deutung: Die Person hat resigniert oder lässt sich hängen.

Der tippelnde Gang

Bei diesem Gang werden kleine Schritte gemacht. Es werden fast immer nur die Fußspitzen oder die Fußballen aufgesetzt, selten jedoch die ganzen Fußsohlen. Die Arme sind häufig angewinkelt. Der Oberkörper ist oft steif nach oben gezogen.

- Wirkung: Der Gang wirkt geziert, affektiert und pedantisch.
- Mögliche Deutung: Die Person hasst das Einfache, sie liebt Verschnörkeltes.

Der tänzelnde Gang

Der Gang zeichnet sich durch federnde, kraftvoll abgerollte Schritte aus, mit zuweilen leichten Sprungbewegungen. Die Arme schwingen aktiv mit. Der Oberkörper schwingt dynamisch aus.

- Wirkung: Der Gang wirkt aktiv, sportlich und verspielt.
- Mögliche Deutung: Die Person hat Spaß an Veränderung und ist gern spontan.

Abstand – Nähe und Distanz

- Nicht jeder Mensch darf gleich weit an uns heran. Dies hat etwas mit *Distanzzonen* (= Raum, der uns umgibt) zu tun.

- Die Distanzzonen sind *nicht bei allen Menschen gleich.* Manche vertragen mehr Nähe, andere brauchen einen größeren Abstand, um sich wohl zu fühlen.

- Wenn uns *jemand zu nahe tritt* – im wörtlichen oder auch im übertragenen Sinn (das heißt räumlich oder mit Worten) –, dann löst dies bei uns *unangenehme Gefühle* aus:

  – Wir weichen zurück (= Flucht) oder
  – wir werden aggressiv (= Kampf).

  Achten Sie daher bei Gesprächen immer sorgsam auf entsprechende körpersprachliche Abwehrsignale, wie zum Beispiel einen Schritt zurücktreten, mit dem Oberkörper zurückweichen. Menschen, die uns zu nahe kommen, kennen keine Grenzen, fordern zu viel.

Distanzzonen (nach Edward Hall)

1. Intimzone

- Der Abstand beträgt bis zirka 60 cm (etwa eine halbe bis eine ganze Armlänge).
- Sie umgibt unseren Körper wie eine zweite Haut (= Blase).
- Sie stellt die Intimsphäre dar.
- Wir lassen Menschen nur *freiwillig* in unsere Intimzone, und zwar nur jene, denen wir *vertrauen.*

- Auch uns vertraute Personen wie Familienmitglieder haben kein Recht, diese Zone ohne unsere Zustimmung zu betreten.

2. *Persönliche Zone*

- Der Abstand beträgt zirka 60 cm bis 1,5 m.
- Sie stellt den Bereich für Freunde, gute Bekannte und Kollegen dar, zu denen wir ein besonders herzliches Verhältnis haben.
- Sie ist der Bereich für Menschen, mit denen wir gut und gern kommunizieren.
- In diesem Bereich haben Geschäftspartner beim ersten Kontakt nichts zu suchen.

3. *Soziale Zone*

- Der Abstand beträgt zirka 1,5 bis 2 m.
- Sie stellt den Bereich für die geschäftliche Distanz dar.
- Sie ist die Zone für Kontakte oberflächlicher Art.
- Sie ist der Bereich für Bekannte, Chefs, Kollegen, Kunden und Klienten.
- Rückt zum Beispiel ein Kunde näher an uns heran, so empfinden wir dies als Bedrohung. Entfernt er sich plötzlich ohne Grund weiter, so empfinden wir dies als Beleidigung.

4. *Öffentliche Zone*

- Der Abstand beträgt mehr als 2 m.
- Sie stellt den Bereich für alle Menschen, die sich nicht in einer der drei anderen Zonen aufhalten, dar. Es ist dies der Bereich für die gesamte Öffentlichkeit.
- Sie ist zum Beispiel die Distanz für einen Redner vor seinem Publikum.

Gestik – die Sprache der Hände

Die Hände sind ein äußerst ausdrucksstarkes Kommunikationsmittel.

Die Sprache der Hände

- unterstreicht das *gesprochene Wort*:
  Wir bieten unserem Besucher verbal einen Stuhl an und zeigen gleichzeitig mit der offenen Hand darauf.

- informiert über die *innere Befindlichkeit*:
  Das Essen im Restaurant lässt auf sich warten und wir beginnen ungeduldig mit den Fingern auf die Tischplatte zu trommeln.

- steht für *Handeln*:
  Mit den Händen in der Hosentasche nehmen wir es unserem Gegenüber kaum ab, wenn er oder sie sagt: „Packen wir's an!"

Die Bedeutung der Finger

Daumen	= Dominanz-Finger: • Der Daumen wird eingesetzt, um dominante Bewegungen zu unterstützen.

Zeigefinger	= Besserwisser-Finger, Straf-Finger: • Er wirkt in Gesprächen belehrend. • Er wird zum Attackieren, Schlagen und Stechen verwendet. • Ist der Zeigefinger gehoben und die Handfläche dem Gesprächspartner zugewandt, dann hat dies keine negative Wirkung. („Halt, ich weiß was!")
Mittelfinger	= Selbstbehauptungs- oder Sexual-Finger: • Er wird eingesetzt, um sich Geltung zu verschaffen. • Menschen, die beim Gespräch ihren Mittelfinger berühren, haben ein Bedürfnis nach Selbstgestaltung. • Ein gestreckter Mittelfinger bedeutet: „Ich bin potenter als du."
Ringfinger	= Gefühls-Finger: • Wer im Gespräch mit dem Ringfinger spielt, braucht eine Streicheleinheit.

kleiner Finger	= Gesellschafts-Finger: • Ein gespreizter kleiner Finger bedeutet: „Ich gehöre besseren Kreisen an." • Wer mit dem kleinen Finger spielt, will auf sich aufmerksam machen.

Ringe an den verschiedenen Fingern signalisieren das Bedürfnis, sich auf diesem Gebiet hervorzutun. Der Ehering wird am Gefühls-Finger getragen, der Ring am kleinen Finger gilt als Statussymbol (zum Beispiel wird am kleinen Finger häufig der Siegelring getragen).

Die Bedeutung der Hände

- linke Hand = Gefühls-Hand
- rechte Hand = Vernunft-Hand

Grundformen der Handbewegung

1. *Offene Handbewegungen*

- Offene Hände (= Handinnenfläche nach oben) signalisieren: „Ich habe nichts zu verbergen!" Wir zeigen daher beim Begrüßen unsere offene Hand (wir haben keine Waffe verborgen).
- Mit der offenen Hand geben heißt: „Ich mache ein Angebot, ich lasse dabei jedoch dem anderen die Entscheidung, ich erzwinge nichts." Es macht einen großen Unterschied in der Wirkung, ob Sie ein Angebot mit der offenen Hand oder mit verdeckter Handbewegung machen.
- Jemandem etwas anzubieten öffnet die Hände.

- Mit offenen Händen NEIN zu sagen wirkt ganz anders als mit der abwehrenden Bewegung des Handrückens. Es lässt ein neues Angebot zu.
- Die Bewegung der offenen Hand signalisiert auch Großzügigkeit, Raumbeanspruchung und Selbstsicherheit.
- Offene Hände bewegen sich tendenziell nach oben.

2. Verdeckte Handbewegungen

- Die verdeckte Handbewegung zeigt unserem Gegenüber den Handrücken. Die sensible Handinnenseite wird verborgen.
- Ein Angebot mit verdeckter Innenhand ist nicht sehr glaubwürdig. Was will der andere verbergen oder zurückhalten?
- Mit dem Handrücken verdecken wir etwas in unserer Hand (früher war es die begehrte Nahrung). Es entsteht das Gefühl, etwas zu verheimlichen.
- Verdeckte Hände bewegen sich tendenziell nach unten.

3. Dominante Handbewegungen

- Jede Geste, welche die Bewegungsfreiheit des anderen einschränkt, signalisiert Dominanz.
- Dominanz geht einher mit Druck und Druck geht nach unten. Der dominante Händedruck geht von oben nach unten. Er will den anderen unterdrücken.
- Dominante Menschen sind selten fröhlich, weil sie sich durch ihre vielen Bewegungen nach unten nicht öffnen. Erhöhte Gemütsstimmung ist jedoch mit einer Öffnung des Körpers nach oben verbunden.

„Je mehr offene Bewegungen wir verwenden, umso positiver wird unsere Wirkung sein und umso respektvoller gehen wir mit unseren Mitmenschen um."

(Samy Molcho)

Richtung der Handbewegung

Sie ist neben der Offenheit und der Geschlossenheit der Handbewegung ebenfalls ein wesentliches Merkmal:

- In welche Richtung werden die Handbewegungen ausgeführt?
- Jemand deutet ständig auf sich, während er du oder Sie sagt.
- Jemand bietet uns verbal etwas an (zum Beispiel ein Stück Kuchen), zieht es aber gleichzeitig zum eigenen Körper hin.

Handbewegungen, Handgesten und ihre möglichen Bedeutungen oder Wirkungen

sich die Hände reiben	• Diese Geste steht für zufrieden sein, sich wohl fühlen.
Fingerspitzen berühren sich leicht, zeigen nach oben (Pyramidenform)	• Diese Geste signalisiert die Suche nach Berührungspunkten, das Abwägen der gemeinsamen Interessen.
Finger sind ineinander verschränkt (Stachelschweinform)	• Es handelt sich um eine Abwehrgeste.
Wischbewegungen mit den Händen	• Die Argumente werden vom Tisch gewischt.
Händedruck	• Er steht für Abmachung und Bekräftigung.
Hände vor der Brust falten	• Diese Geste signalisiert Beten oder Unsicherheit und Verkrampfung.

Hände in die Hüften stemmen	• Diese Geste steht für sich breit machen, Raum einnehmen, dominieren wollen.
Handflächen nach oben	• Diese Geste wirkt positiv, offen, aktiv, klar, mutig.
Handflächen nach unten	• Diese Geste wirkt negativ, minderwertig, abgewandt.
Handflächen nach vorne	• Diese Geste signalisiert Schutz, Abwehr, Zurückweisung, Abgrenzung.
Hände auf dem Rücken	• Es handelt sich um eine Rückzugsgeste (den Händen wird die Aktionsbereitschaft genommen) oder um eine Überlegenheitsgeste (dem anderen wird selbstbewusst die verletzliche Vorderfront des eigenen Körpers dargeboten).
Hände in den Hosentaschen	• Diese Geste signalisiert Passivität, Nachlässigkeit, Desinteresse. • Verborgene Hände lassen kein Handeln zu.
Hände falten, ineinander legen, umfassen	• Diese Geste drückt den Wunsch nach Geborgenheit und Sicherheit aus.
Griff ans Handgelenk	• Diese Geste signalisiert das Bemühen um Selbstbeherrschung.

Hand auf den Mund	• Es handelt sich um eine Mundschutzgeste. Wir verbieten uns das Reden. Manchmal schlagen wir uns auf den Mund, wenn wir versehentlich ein Geheimnis ausgeplaudert haben. Wenn jemand beim Sprechen die Hand auf den Mund legt, dann kann es sich bei dem Gesagten um eine Lüge handeln.
Hand reibt den Nacken	• Die Situation ist unbehaglich.
Hand auf den Hals beim Gespräch	• Der Sprechende weiß momentan etwas nicht oder kann etwas nicht formulieren.
Hand reibt am Ohr	• Der Augenpunkt wird stimuliert. Die Person möchte die Situation besser überblicken. Diese Geste kann aber auch auf Verlegenheit und Unsicherheit hindeuten.
Finger fährt zwischen Hals und Kragen	• Die Situation wird einem zu eng.
Finger an der Stirn	• Es handelt sich um den Versuch, die Gedanken anzuregen.
Finger im Mund	• Diese Geste zeigt ein inneres Bedürfnis nach Sicherheit auf.
Finger kratzen am Kopf	• Ich muss mich so oder so entscheiden.
Arme vor dem Körper	• Sie dienen als Schutz.

verschränkte Arme	• Sie zeigen, dass man im Moment nicht handeln möchte. Wer sich dabei in die Arme krallt, ist unsicher.
angewinkelte Arme	• Es handelt sich um eine Verteidigungshaltung (wie beim Boxen).
Ellbogen stoßen	• Die Ellbogen stellen natürliche Waffen dar.
angelegte Oberarme	• Es handelt sich um einen vorsichtigen Menschen.
bewegliche Arme	• Sie signalisieren die Lust zum Handeln.

Begrüßen – ein Händedruck sagt mehr als viele Worte

Die *offene Hand* sagt: „Ich komme in friedlicher Absicht und trage keine Waffen!"

Der Händedruck

Mit jedem Händedruck können wir unseren Gesprächspartner auch mit dem Tastsinn wahrnehmen und dadurch besser verstehen.

kräftiger Händedruck	• Zu einer gelungenen Begrüßung gehört neben einem kräftigen Händedruck auch der feste Augenkontakt.
„Knochenbrecher"-Händedruck	• Er ist das Zeichen für einen aggressiven Menschen.
schwacher Händedruck	• Mit einem schlaffen, schwachen Händedruck wird auch ein schwacher Charakter assoziiert. • Dieser Händedruck ist nicht Vertrauen erweckend. • Die Person will sich nicht konfrontieren.
flüchtiger Händedruck	• Es ist nur ein flüchtiger Körperkontakt erwünscht. • Ich will zwar höflich sein, aber nicht persönlich werden. • Er kann auch auf Dominanz hindeuten.

Hand wird nur teilweise ergriffen	• Die Hand hat viel zu schnell zugegriffen und zugeschnappt. • Menschen, die zu schnell zugreifen, bekommen oft nur die Hälfte von dem, was zu erreichen ist.
Leerraum ist zwischen den Händen	• Dies signalisiert Zurückhaltung. • Es ist kein engerer Kontakt erwünscht.

Wer streckt als Erster die Hand aus?

- Wenn jemand zur Begrüßung mit ausgestrecktem Arm auf uns zukommt, dann wird dies als Zeichen von Entgegenkommen gewertet.
- Hierarchisch höher gestellte oder dominante Personen strecken in der Regel als Erste die Hand zum Gruß aus. Sie ergreifen die Initiative.
- Bei Begegnungen (zum Beispiel im Kontakt mit Kunden) ist es manchmal sinnvoll, auf ein Signal zu warten, bevor man die Hand reicht. Der andere könnte sich bedrängt fühlen, da er möglicherweise keinen Körperkontakt wünscht.

Ein Handschlag kann *drei grundlegende Einstellungen* vermitteln:

1. Dominanz

Die Hand ist obenauf, die Handinnenfläche wird nach unten gedreht:
Übernahme der Kontrolle.

2. Unterwerfung

Die Hand ist unten, die Handinnenfläche ist nach oben gedreht:
Überlassen der Kontrolle.

3. Gleichheit

Beide Handinnenflächen sind in vertikaler Position:
gleichberechtigte Partner.

Der beidhändige Handschlag

Die zweite Hand wird zusätzlich beim Begrüßen eingesetzt. Sie entzieht dem Begrüßten laut Fengshui-Lehre kurzfristig bis zu 40 % seiner Lebensenergie.

- Mit der zweiten Hand wird die entgegengestreckte Hand umschlossen (wie ein Handschuh). Weiters können mit der zweiten Hand das Handgelenk, der Ellbogen, der Oberarm oder die Schulter ergriffen werden.
- Mit der zweiten Hand soll ein *Gefühl von Zuneigung* (linke Hand = Gefühls-Hand) vermittelt werden.
- Ein Umschließen der Hand kann jedoch als übergreifend und anmaßend empfunden werden.
- Der Griff an Handgelenk, Ellbogen, Oberarm oder Schulter sollte nur bei guten Freunden angewendet werden beziehungsweise wenn ein emotional enger Kontakt besteht.

Der ausgestreckte und der abgewinkelte Arm

- Üblicherweise ist der Arm bei der Begrüßung abgewinkelt. Wir halten uns unser Gegenüber zirka eine Armlänge fern (der Abstand ist kulturell bedingt unterschiedlich).

- Mit dem ausgestreckten Arm halten wir uns unser Gegenüber auf größere Distanz (siehe „Distanzzonen", Seite 42). Dies kann auch auf eine aggressive Person hindeuten.
- Zieht uns der andere bei der Begrüßung zu sich heran, so will er uns vereinnahmen.

Das Schütteln der Hände

- Einmaliges Schütteln: Die Person geht schnell Verbindlichkeiten ein.
- Übermäßiges Schütteln: Es weist auf Unklarheiten in der Beziehung, beim Ziel oder bei der Absicht hin. Zum Beispiel: Die Person verhandelt mehrmals nach, bevor sie eine Entscheidung trifft.

Der Stand bei der Begrüßung

Stehen sich die Personen gegenüber, oder weicht eine Person aus, da sie sich nicht konfrontieren will?

Weitere Beobachtungskriterien beim Begrüßen

- Wird die Hand schnell, hastig oder zögerlich entgegengestreckt?
- Fühlt sich die Hand warm oder kalt, feucht oder trocken, hart oder weich an?

Umarmung und Wangenkuss bei der Begrüßung

- Dahinter verbirgt sich die Frage: „Kann ich den anderen riechen?"
- Beachten Sie: Der Kuss auf den Mund ist ein Versprechen: „Ich werde dich füttern."

Mimik – die Sprache des Gesichtes

- Im Gesicht drücken sich die meisten Gefühle und inneren Einstellungen aus: die gerunzelte Stirn, die weit aufgerissenen Augen, das Weinen, das Naserümpfen, das Lächeln, der zusammengepresste Mund, das vorgeschobene Kinn und so weiter.
- *Mimische Signale* haben zusammen mit Gesten die größte Aussagekraft. Sie treten meist in Kombination auf.

DIE AUGEN

Informationsaufnahme und -abgabe

Die Augen sind das Tor zur Welt und das Fenster zur Seele.

- Zirka 80 % der Informationen nehmen wir durch die Augen auf und umgekehrt blickt uns durch die Augen die Seele an.
- Nur etwa 20 % des vom Auge real Wahrgenommenen werden tatsächlich an das Gehirn weitergeleitet. Der Rest des Bildes wird vom Gehirn aus früheren Erfahrungen ergänzt. Aus diesem Grund kommt es zum Beispiel bei einem Verkehrsunfall zu unterschiedlichen Zeugenaussagen. Jeder Beobachter behauptet steif und fest, dieses oder jenes beobachtet zu haben, dabei ist ein Großteil der Informationen vom Gehirn ergänzt worden und folglich entstehen aufgrund des unterschiedlichen Erfahrungsschatzes auch unterschiedliche Bilder.

Ein guter Augenkontakt

- Augenkontakt schafft Kontakt zum Mitmenschen. Das Anstarren eines Menschen wirkt jedoch unangenehm. Guten Augenkontakt haben heißt: Ich sehe meinem Gegenüber in die Augen und nicht auf die Nasenwurzel.
- Ein echtes, warmherziges, ehrliches Lächeln ist eigentlich nicht das Lächeln des Mundes, sondern das Lächeln der Augen. Viele Menschen setzen ein „geschäftsmäßiges" Lächeln auf, haben sich das Lächeln antrainiert. Wenn es aber nicht von innen herauskommt, wirkt es eher kalt und befremdlich. Wir registrieren dies meist auch gefühlsmäßig.
- Ein guter Zuhörer pflegt einen guten Augenkontakt. Der Gesprächspartner merkt dies, auch wenn er uns gerade nicht ansieht. Wenn Ihr Gesprächspartner über etwas nachdenkt, etwas überdenken will, das Sie gerade gesagt haben, dann sieht er meistens weg. Achten Sie auf dieses Signal und reden Sie nicht weiter, sondern gönnen Sie Ihrem Gegenüber diese Nachdenkpause.

Augen und Bewegung

- *Das Auge folgt der Bewegung:*
  Wenn sich etwas bewegt, schauen wir automatisch in diese Richtung, schließlich könnte von dort ja Gefahr drohen. In Gesprächen können wir durch den gezielten Einsatz von Bewegung unsere Mitmenschen ganz bewusst in eine bestimmte Richtung lenken.

- *Der Kopf folgt dem Auge:*
  Der Kopf und folglich der gesamte Körper folgen in ihren Bewegungen den Augen. Die Augen zeigen die Richtung für die Bewegung an.

Ein Beispiel soll dies veranschaulichen: Sie besuchen eine Messeveranstaltung, betreten die Halle. Als Erstes werden Ihnen jene Messestände auffallen, bei denen sich etwas bewegt. Sie werden aller Voraussicht nach sofort in diese Richtung blicken. Ihr Kopf folgt den Bewegungen Ihrer Augen. Ihr Körper folgt schließlich den Bewegungen Ihres Kopfes.

Die Signalsprache der Augen und ihre möglichen Bedeutungen oder Wirkungen

offene oder geschlossene Augen	• Ich will etwas sehen oder nicht sehen.
jemandem in die Augen schauen	• Damit zwinge ich den anderen zu einer Stellungnahme. • Durch kurzes Wegsehen kann man sich der Stellungnahme entziehen. Jemand, der wegschaut, will momentan nicht Stellung beziehen.
weit offene Augen	• Unser Gegenüber ist interessiert, will mehr wissen, ist mit Aufmerksamkeit dabei.
zusammengekniffene Augen	• Stimmt das? Da kommen Zweifel auf.
Pokerface	• Es wirkt unangenehm, wir fühlen uns wie Luft behandelt.
stechender Blick	• „Ich fixiere dich." • Er ist normalerweise ein Drohsignal. • Bei Kurzsichtigkeit signalisiert er Konzentration.

Blick nach oben	• Es ist der Blick zum Himmel, von dort soll die Eingebung kommen.
Blick nach unten	• Es ist ein Versuch, sich zu erinnern. • Ich bin in mich gekehrt.
blinzeln	• Jemand will etwas nicht sehen beziehungsweise nicht sagen.
Lidzucken	• Es ist ein Zeichen von Nervosität, Unsicherheit.
eine Augenbraue hochheben	• Es signalisiert Skepsis.
beide Augenbrauen hochheben	• Es signalisiert Überraschung, positive Aufmerksamkeit. • Es kann auch Arroganz, Überlegenheit bedeuten.
Augenbrauen oben	• Solange die Augenbrauen oben sind, sammle ich Informationen, das heißt ich treffe noch keine Entscheidung.
den Blick senken	• Es ist ein Signal für Unterwerfung.
verengte Pupillen	• Sie können auf Ablehnung hindeuten.
erweiterte Pupillen	• Sie sind mit einem positiven Gefühl verbunden. • Sie wirken sympathischer, anziehender.
Tränensäcke	• Sie sind ein Zeichen für ungeweinte Tränen, nicht gelebte Traurigkeit, noch offene Abschiede.

DER MUND

- Der Mund ist bei Vorgängen des Aufnehmens aus der Umwelt beziehungsweise des Abgebens maßgeblich beteiligt. Kleine Kinder stecken alles in den Mund, um es zu erfassen.

- Der Mund spielt eine wesentliche Rolle, wenn man

  - Informationen nicht aufnehmen will,
  - Informationen nicht herauslassen will beziehungsweise darf.

- Ein ganz wichtiges Signal des Mundes ist das Lächeln:

  - Ein echtes Lächeln: Es wandert von den Augen zum Mund.
  - Ein trauriges Lächeln: Der Mund lächelt, aber die Augen haben einen Trauerblick.
  - Ein schüchternes Lächeln: Der Mund lächelt, die Augen blickend fragend.
  - Ein kaltes, ironisches Lächeln: Die Augen lächeln nicht mit. Sie sind zusammengezogen.

„Wer nicht lächeln kann,
sollte keinen Laden eröffnen."
(Chinesische Weisheit)

Die Signalsprache des Mundes und ihre möglichen Bedeutungen oder Wirkungen

geöffneter Mund	• Er signalisiert Erstaunen, Überraschung, Erschrecken. • Er bedeutet ein unbedingtes Wahrnehmen-Wollen. • Der Mund wird weit geöffnet, damit die Information einströmen kann.
geschlossener, verpresster Mund	• Er steht für nichts hineinlassen wollen, nichts herauslassen wollen, komplette Abwehr. • Ich will beziehungsweise darf etwas nicht sagen.
auf die Lippen beißen	• Ein Gedanke soll nicht herausrutschen.
üppige, weiche Lippen	• Die Person zeigt viel Gefühl, starke Emotionalität.
schmale Lippen	• Die Person verbirgt ihre innersten Gefühle.
Zunge wird kurz herausgeschoben	• Dies bedeutet Ablehnung, Argumente werden weggeschoben.
mit der Zunge über die Lippen streichen	• Dies signalisiert Genuss oder die Suche nach Gedankenresten.
Zähne zusammenbeißen	• Ich schlage mich mit ungelösten Problemen herum.

Unterkiefer fällt herunter	• Ich bin bass erstaunt, gelähmt vor Schreck, überwältigt vom Gefühl. • Ein herabhängender Unterkiefer hat jedoch auch eine blockierende Wirkung. Wir können dann nicht so gut denken.

TIPP: Beobachten Sie einmal die Essgewohnheiten der Menschen.
Wie man isst, so handelt man: hastig, langsam, schnell, bedacht und so weiter.
Hastig: Auch die Informationen werden hinuntergeschlungen.
Genießerisch: Man lässt sich auch die Informationen sorgfältig auf der Zunge zergehen ...

DIE STIRN

Faltenbildung und Augenbrauen geben Aufschluss über Prozesse des Denkens und Analysierens.

waagrechte Stirnfalten	• Zusammen mit leicht gehobener Augenbraue bedeuten sie, dass die Aufmerksamkeit stark in Anspruch genommen ist.
senkrechte Stirnfalten	• Sie signalisieren starke Konzentration auf etwas oder jemanden. • Sie deuten auf Ärger, Gereiztheit hin.

Augenbrauen und Stirn nach oben gezogen	• Dies signalisiert Sorgen, Aufmerksamkeit, gespanntes Schauen.

DIE NASE

Die Nase ist ein instinktives Organ.
Für eine gute Beziehung ist es unbedingt erforderlich, dass sich zwei Menschen gut riechen können. Wir überprüfen bei einem Kontakt instinktiv, ob wir die andere Person riechen können. „Diesen Menschen kann ich nicht riechen": Das ist keine gute Voraussetzung für eine gelungene Partnerbeziehung.

- Wir rümpfen die Nase über den schlechten Geschmack, den jemand bei seiner Kleidung hat.
- Mit der Nase wurde und wird auch heute noch das Essen kritisch überprüft.
- An die Nase fassen steht für bewerten, Nachdenklichkeit, kritisches Empfinden: „Ich überprüfe das ‚Essen' (Gedankenfutter) – also deine Argumente."
- Die Nasenflügel beben bei Erregung.

DAS KINN

Die Kinnpartie, zusammen mit der Unterlippe, wird dem Gefühls- und Triebleben zugeordnet.
Das Kinn hat etwas mit dem Durchsetzungsvermögen zu tun. Jemand, der sich durchsetzen will, schiebt das Kinn nach vorne.

Die Sprache der Ohren

DIE OHREN

Die Ohren sind sehr sensible Organe. Sie sind 24 Stunden am Tag geöffnet. Die Ohren können sich nicht verschließen und nehmen somit ständig Informationen aus der Umwelt auf – auch beim Schlafen.

HÖREN – geHÖREN – HÖRIG – geHORsam – HORCHEN – geHORCHEN

Mit welchem Ohr hören wir zu?

- linkes Ohr = wohlwollendes Ohr
- rechtes Ohr = kritisches Ohr

Die Signalsprache der Ohren

- Die Ohren haben eine Alarmfunktion. Plötzliche und dabei vor allem hohe Frequenzen werden als Gefahr empfunden und setzen uns unter Spannung. Hohe, schrille Stimmen werden deshalb als unangenehm empfunden.
- Geräusche versetzen uns in eine bewegliche Haltung. Daher haben wir bei manchen Liedern einfach das Bedürfnis, uns zu bewegen. Die Schunkellieder sind ein gutes Beispiel dafür.
- Die Ohren erröten bei Gefahr und Erregung.

Die Wahrnehmung von Augen und Ohren im Vergleich

- Augen und Ohren sind in der Wahrnehmung sehr eng miteinander verbunden. Die Wahrnehmung erfolgt zu zirka 85 % durch die Augen und zu zirka 15 % durch die Ohren.
- Sehen hat sehr viel mit Intellekt zu tun. Gehör hat sehr viel mit Gefühl zu tun.

Die Sprache von Haut und Kopf

DIE HAUT

Die Haut ist unser größtes Sinnesorgan.

- Frauen haben eine feinere Haut als Männer. Ihre Berührungen sind leichter und sie sind auch emotional leichter berührt.
- Der Volksmund spricht von Dünnhäutigkeit oder Elefantenhaut. Dünnhäutige Menschen sind sensibler, empfindsamer und verletzbarer als dickhäutige.
- Bei positiven Berührungen dehnt sich die Haut aus. Bei negativen Berührungen zieht sie sich zusammen.
- Ein angenehmer Hautkontakt löst ein Gefühl von Beschütztwerden aus.
- Wir bekommen eine Gänsehaut, wenn wir uns gegen Kälte oder einen starken Reiz wehren.
- Gefühlsbetonte Menschen akzeptieren den Hautkontakt eher als Verstandesmenschen.
- Menschen mit Berührungsängsten wollen vermeiden, dass sie gefühlsmäßig intensiv berührt werden.
- Unsere Haut errötet bei Erregung.

DER KOPF

Wesentliche Kopfhaltungen

Kopf ist gerade	• Dies ist eine neutrale Kopfhaltung. • Wird ein gerader Kopf zur Seite gedreht, zeigt dies die Richtung des Interesses an.

Kopf ist zur Seite geneigt	• Dies signalisiert Zutrauen, Vertrauen (die seitliche Halspartie wird offen präsentiert). • Wir nehmen auf, was unser Gegenüber uns sagen will.
Kopf ist nach unten gesenkt	• Dies signalisiert ein In-sich-selbst-Versenken. • Die vordere Halspartie wird geschützt.
Kopf und Kinn sind angehoben	• Dies wird als hochnäsig und hochmütig empfunden. • Es wird als herausfordernde Haltung und als Provokation wahrgenommen. • Es entsteht das Gefühl, von oben herab behandelt zu werden.

- Die häufigsten Kopfgesten sind Kopfnicken und Kopfschütteln. Eine versteckte Ablehnung unseres Gesprächspartners lässt sich an einem leichten Kopfschütteln entdecken, auch wenn die Worte Zustimmung versprechen.
- Ein leichtes Kopfnicken zeigt Zustimmung beziehungsweise weitere Aufmerksamkeit an. Wenn Sie beim Zuhören den Kopf zur Seite neigen und zustimmend nicken, wird Sie Ihr Gegenüber als sympathischer einstufen: *ein guter Zuhörer.*

Die Sprache von Hals, Nacken, Schultern und Rücken

DER HALS UND DER NACKEN

Die wichtigste Funktion ist, den Kopf zu drehen. Wir bekommen damit Überblick.

beweglicher Kopf und Nacken	• Wer viel Überblick hat, signalisiert Offenheit für Informationsaufnahme. • Ein beweglicher Kopf und Nacken steht für in alle Richtungen offen sein, nach allen Seiten hin Ausschau halten können.
steifer Nacken	• Die Person ist auf eine bestimmte Spur fixiert. • Menschen können sehr hartnäckig, eng, stur sein. • Bei Gefahr versteift sich der Nacken. • Menschen mit einem permanent steifen Nacken haben wenig Vertrauen in ihre Umgebung. Überall wird Gefahr gewittert.
aufrechte, gerade Haltung von Kopf und Nacken	• Sie signalisiert Zuverlässigkeit: „Ich stehe gerade für das, was ich sage."
seitliche Neigung des Nackens	• Die Stimme wird weicher.
enger Hals	• Er entsteht durch eine Energieblockade.

Halsschlagader offen zeigen	• Dies hat mit Vertrauen zu tun: „Ich biete dir die Halsschlagader an."

DIE SCHULTERN UND DER RÜCKEN

Auf Schultern und Rücken werden große Lasten getragen.

- Alles, was Menschen belastet, sowohl physisch als auch psychisch, drückt auf die Schultern und krümmt den Rücken.

- Befreite, gerade gehaltene Schultern signalisieren Lastfreiheit.

- Bei Gefahr ziehen wir den Kopf ein und heben die Schultern an.

- Wir signalisieren Ablehnung, wenn wir jemandem „die kalte Schulter" zeigen.

- Eine blockierte Schulter lässt weniger Bewegungsfreiheit zu. Der andere lässt niemanden an sich heran und kommt auch niemandem entgegen.

- *Verantwortung* ist manchmal eine große Last, die wir auf unseren Schultern tragen.
  Wie wäre es mit folgender Einstellung:
  Anstelle von: „Ich *trage* große Verantwortung."
  Besser: „Ich *habe* große Verantwortung."
  Eine geänderte Einstellung überträgt sich spürbar auf unser körperliches Befinden.

Die Sprache von Brust, Bauch und Becken

DIE BRUST UND DER BUSEN

geschwellte Brust (Heldenbrust)	• Sie signalisiert Imponiergehabe. • Sie wirkt aufgeblasen und dominant.
eingefallene Brust	• Sie erzeugt den Eindruck von mangelnder Energie.

Der weibliche Busen

- Er hat eine erotische Signalwirkung.
- Er stellt ein natürliches Genussversprechen dar.
- Er wird häufig zurückgenommen, um die Aufmerksamkeit nicht auf sich zu ziehen. Dadurch wird allerdings der Eindruck von mangelnder Energie erzeugt.

DER BAUCH

- Wir schützen unseren Bauch instinktiv. Wenn wir unseren Bauch offen zeigen, signalisieren wir damit Selbstbewusstsein und Vertrauen.
- Offen auf jemanden zugehen heißt: Wir öffnen die Arme, öffnen und zeigen offen Brust und Bauch. Wir signalisieren, dass wir als Freund und nicht als Feind kommen.

DAS BECKEN

Das Becken stellt in unserem Körper die Verbindung von oben und unten dar. Im Becken liegt der Schwerpunkt des Körpers. Es ist sein Zentrum. Unser Becken stellt eine Tabuzone dar.

- Wer sein Becken zurückzieht, respektiert Tabuzonen.
- Ist das Becken beweglich, kann die Energie ungehindert fließen.
- Wird das Becken nach vorne geschoben und die Brust gleichzeitig zurückgenommen, wirkt dies provokativ.
- Ein schaukelndes Becken gilt als erotisches Signal.

Die Sprache von Knien und Füßen

DIE KNIE

Knie haben eine Federungsfunktion.

weiche Knie	• Sie sind Ausdruck von Angst. Wenn wir ängstlich sind, sagen wir: „Mir wird ganz weich in den Knien." • Sie deuten auf eine körperliche oder emotionale Schwäche hin. • Sie stellen die Vorstufe zur Ohnmacht dar. • Auch im Zustand der Verliebtheit bekommen wir weiche Knie. Die ängstliche Frage lautet: „Wie reagiert der andere?"
durchgedrückte Knie	• Jemand, der seine Knie durchgedrückt hat, will auch seine Meinung durchdrücken. • Sie signalisieren Trotzhaltung und Prinzipienreiterei.

DIE FÜSSE

- Die Füße haben die Aufgabe, unseren Körper zu tragen, und sie mobilisieren auch die notwendige Energie, um ihn aufrecht zu halten.
- Unsere Füße stellen den Kontakt zum Boden her. Je besser dieser Kontakt ist, desto verwurzelter und sicherer fühlen wir uns.

- Ein *guter Bodenkontakt* bedeutet, einen festen Standpunkt zu haben. Bildlich gesehen tritt man auf einen Punkt. Wer seinen Standpunkt optimal vertreten will, steht fest auf dem Boden.
- Genauso braucht jeder, der kämpft, einen guten Bodenkontakt, um nicht weggeschoben oder ausgehoben zu werden.
- Auch beim Sitzen ist es ganz wesentlich, einen guten Bodenkontakt zu haben.

Siehe dazu auch „Die Haltung – aufrecht und gerade" (Seite 23), „Standarten – ein fester Stand" (Seite 29).

Die Stimme – Stimmung machen

Mit der Stimme machen wir Stimmung

Das WORT überträgt die INHALTE.
Die STIMME überträgt die STIMMUNG.

- Wenn wir etwas sagen, drücken sich in unserer Stimme die inneren Bilder, unsere Gedanken und Vorstellungen, unsere Gefühle, die wir in diesem Moment haben, aus. Wirken Sie positiv durch *positive innere Bilder*!
  Wollen Sie positiv wirken, dann machen Sie sich innerlich ein positives Bild. Dies ist dann in der Stimme erkennbar. Schauspieler wirken authentisch, weil sie sich innerlich in den Zustand versetzen, den sie mit der Sprache transportieren wollen.
- Die Stimme ist sehr ausschlaggebend dafür, ob jemand als *Persönlichkeit* empfunden wird.

eine beSTIMMENde Persönlichkeit –
ZuSTIMMUNG – beSTIMMT –
sich einSTIMMEN – STIMMig – STIMMT es?

Die Stimmführung – körpersprachliche Signale der Stimme

Auf die Art und Weise, *wie* wir etwas sagen, kommt es an. Das *Was* (der Inhalt) hat viel weniger Wirkung.

Unsere verbale Sprache drückt sich körpersprachlich aus durch:

- Sprachrhythmus
- Sprachmelodie
- Sprechgeschwindigkeit
- Lautstärke
- Sprechpausen

TIPP: Achten Sie besonders auch am Telefon auf die Stimmführung, da Sie Ihren Gesprächspartner optisch nicht wahrnehmen können. Sie erhalten damit zusätzliche Informationen.

Der Ton macht die Musik

1. Sprachrhythmus

Mit dem Sprachrhythmus kann man auf Menschen sehr bewusst einwirken.
Der Sprachrhythmus eines Menschen fällt uns dann besonders auf, wenn er nicht unseren Erwartungen entspricht, zum Beispiel wenn ein Ausländer unsere Sprache spricht. Daher sollte man beim Sprechen einer Fremdsprache mehr auf den Rhythmus als auf die korrekte Aussprache achten.

2. Sprachmelodie

Die Sprachmelodie definiert die Art und Weise, wie wir unsere Stimme heben und senken. Sie hat hohen Informationswert und betrifft sowohl den Inhalt des Gesagten als auch die Beziehungsebene. Durch die Sprachmelodie drücken sich auch unsere Gefühle aus, wie etwa der verärgerte oder aggressive Tonfall, Verwunderung, Wertschätzung und so weiter.
Zum Beispiel: Ist *das* dein Auto? Ist das *dein* Auto? Ist das dein Auto?
Durch die unterschiedliche Betonung können wir mit demselben Inhalt ganz verschiedene Botschaften senden. Die

Menschen reagieren gefühlsmäßig darauf, obwohl unser Gesprächspartner dann oft behauptet, dies und jenes gar nicht gesagt (gemeint) zu haben.

3. Sprechgeschwindigkeit

Menschen sprechen umso schneller,

- je häufiger sie eine Aussage in der Vergangenheit bereits gemacht haben. Zum Beispiel spulen manche ihre Begrüßungsformel beim Telefonieren herunter – und die Person am anderen Ende der Leitung versteht nur einen Teil davon oder überhaupt nichts.
- je mehr sie unter Druck geraten – beispielsweise wenn sie in einem Verhandlungsgespräch etwas durchsetzen wollen.

TIPP: Sprechen Sie bewusst langsamer, wenn Ihren Gesprächspartnern und Zuhörern die Informationen nicht bekannt sind. Die Menschen brauchen Zeit zum Mitdenken und Mitkommen.

4. Lautstärke

- Wir beginnen lauter zu sprechen, wenn wir aggressiv-kämpferisch sind oder wenn wir unsere Aussagen mit Engagement vertreten. Wir sprechen nachdrücklicher.
- Je mehr uns etwas am Herzen liegt, desto nachdrücklicher vertreten wir unsere Aussage; dies heißt aber nicht, dass wir aggressiv sind, und kann folglich zu Fehlinterpretationen führen.
- Es gibt von Natur aus besonders ruhige und besonders „lautstarke" Menschen. Versuchen Sie sich in Gesprächen der Lautstärke Ihres Partners anzugleichen.

5. Sprechpausen

Auch Pausen beinhalten einen Informationswert, obwohl sie eigentlich „nichts" sind. Pausen werden gemacht, um Zeit zum Nachdenken zu haben, um anderen die Gelegenheit zum Sprechen zu geben, um dem Gesagten oder den folgenden Worten mehr Nachdruck zu verleihen, oder zur Ablenkung.

Kontakt aufbauen

Kontakt bedeutet:

- Berührung, Verbindung.
- „Takt" ist ein bestimmtes Zeitmaß, in dem eine rhythmische Bewegung stattfindet.

Je mehr zwei Menschen aufeinander abgestimmt sind und im Gleichklang schwingen, desto mehr Berührungspunkte gibt es zwischen ihnen.

Kontaktaufnahme

1. Blickkontakt

- Die erste Kontaktaufnahme zum anderen erfolgt über die Augen.
- Ignoranzwunde: Verweigere ich jemandem den Blickkontakt, so ignoriere ich ihn. Das ist eine tiefe Wunde, weil er dadurch für mich zum *Nobody* wird (siehe unter „Gedankensplitter zur nonverbalen Kommunikation", Seite 12).

2. Stimmkontakt

- Haben erst einmal die Augen miteinander zu sprechen begonnen, dann kann der Kontakt über die Stimme aufgenommen werden.

3. Körperkontakt

- Als dritte Stufe der Kontaktaufnahme kommt es zum Körperkontakt.
- Für Menschen ist der Körperkontakt unerlässlich.

Nach Virginia Satir braucht ein Mensch *mehrfach täglich Körperkontakt*, um nicht zu verkümmern:

mindestens 4 Kontakte täglich	erforderlich, um emotional zu überleben
8 liebevolle Körperkontakte täglich	erforderlich für eine „normale" Persönlichkeitsentwicklung
ab 12 Körperkontakten täglich	positive Persönlichkeitsentwicklung ist gegeben

Unerwünschte, nicht passende Kontakte können jedoch krank machen.

Mit der Körpersprache eine gute Gesprächsbasis aufbauen

Regeln für eine aufmerksame, offene Körperhaltung und einen guten Kontakt

- Stellen Sie mit Ihren Füßen einen guten Bodenkontakt her.
- Halten Sie den Kopf und den Oberkörper aufrecht und beweglich.
- Atmen Sie entspannt und gleichmäßig.
- Versuchen Sie, Ihre innere und äußere Haltung in Einklang zu bringen.
- Achten Sie auf einen klaren, aufmerksamen Blick.
- Vermeiden Sie zu häufige und auffällige Selbstberührungen.
- Ermöglichen Sie Blickkontakte.
- Achten Sie auf einen angemessenen Abstand zueinander.
- Gleichen Sie sich in der Gestik und Dynamik Ihrem Gesprächspartner an.
- Berühren Sie Ihren Gesprächspartner nur, wenn dieser es zulässt.
- Wenden Sie Ihre Bein- und Fußstellung dem anderen zu.
- Vermeiden Sie Gesten, die den anderen abwerten, bedrohen oder Barrieren errichten (Zeigefinger-Stoßgesten, aufeinander gepresste Lippen, verschränkte Arme, verkniffene Augen und so weiter).
- Lächeln Sie von innen heraus. Ein künstliches Lächeln verfehlt seine Wirkung. Lächeln Sie Ihren Gesprächspartner häufig an. Lachen wirkt sich nicht nur positiv auf unsere Psyche aus, sondern baut auch eine Brücke zu unseren Mitmenschen.

„Das Lachen,
das du aussendest,
kommt tausendfach zurück."
(Chinesische Weisheit)

TIPP: Achten Sie auch beim Telefonieren auf Ihre Körpersprache, denn sie wirkt auch über die Entfernung. Lächeln Sie am Telefon und Ihre Stimme klingt freundlicher. Telefonieren Sie im Stehen und Ihre Stimme wirkt selbstbewusster. Bewegen Sie Ihre Hände und Arme und Ihre Sprache wird damit plastischer.

Die Wirkungen von Kleidung und Statussymbolen

„Kleider machen Leute"

- Mit der Art, wie wir uns kleiden, sagen wir etwas über uns selbst aus. Wir signalisieren damit die Zugehörigkeit zu einer bestimmten Gruppe. Zum Beispiel: Wer auf der Universität mit Anzug und Fliege herumläuft, ist entweder ein Professor, ein Angestellter oder ein Streber, der sich schnell nach oben hin anpassen will.
- Durch die Kleidung werden wir von der Umgebung in eine Schublade gesteckt und in bestimmter Weise „vorverurteilt". Entspricht die Kleidung nicht den gesellschaftlichen Erwartungen, so erzeugt dies zumindest Irritation, kann aber auch bewusst als Provokation eingesetzt werden. Tritt jemand beispielsweise vor einer Managerrunde in lässiger Freizeitkleidung auf, um einen Vortrag zu halten, so wird er kaum Erfolg haben, denn er wird unbewusst in seinen Fähigkeiten abqualifiziert. Die Aussagen der Person wirken weniger ernsthaft, weniger seriös, weniger fundiert. Man glaubt ihr einfach weniger.
- Kleidung hat auch einen direkten Einfluss auf unser Selbstwertgefühl. Bei einem eleganten Anzug ist das unmittelbar verständlich. Aber sogar eine besonders edle Unterwäsche gibt uns ein gutes Gefühl und wirkt sich auf Selbstbewusstsein, Verhalten und Körpersprache aus.

TIPP: Auch die Schuhe sagen uns viel:

Alte Schuhe:	Die Person will sich nicht verändern, Neues erzeugt Druckstellen.
Bequeme Schuhe:	Die Person hat es gern bequem.

Mit meiner teuren Markenuhr zeige ich, dass ich etwas Besseres bin, dass ich erfolgreich bin, denn ich kann sie mir leisten.
Das Auto der Luxusklasse, der Maßanzug, der Siegelring, das größere Büro, Titel aller Art, politische Ämter, berufliche Positionen und vieles mehr: Das alles sind Symbole, mit denen wir eine bestimmte Wirkung erzielen beziehungsweise Zugehörigkeit definieren.

- Ich bin besser.
- Ich hebe mich von den anderen ab.
- Ich gehöre zu einer bestimmten Gruppe.
- Ich gehöre einer bestimmten Hierarchiestufe in der Gesellschaft an.
- Ich habe eine bestimmte Machtposition.
- Ich bin erfolgreich.
- Ich kann mir das leisten.

Statussymbole werden akzeptiert, wenn sie angemessen sind.
Unangemessen zur Schau getragene Statussymbole werden jedoch als angeberisch empfunden.

3 animalische Gesetze

Wir Menschen haben genauso wie die Tiere bestimmte nonverbale Kommunikationsformen, die uns angeboren sind und denen wir uns nicht entziehen können. Diese Verhaltensweisen dienen dazu, das Überleben und den Fortbestand zu sichern.

1. Revier- und Territorialverhalten

Das Revier- und Territorialverhalten dient in seiner ursprünglichen Form dazu, den Lebensraum zu sichern.

Es gibt verschiedene Arten von Territorien, die wir beanspruchen und behaupten:

- *Die äußeren Reviere:*
  Dazu gehören Besitztümer, Räume (Territorien) aller Art und Räume im weitesten Sinne (mein Grundstück, meine Wohnung, mein Büro, meine Stadt, mein Land).

- *Das Territorium des Körpers:*
  Es besteht aus unserem Körper und einem persönlichen Raum, der uns umgibt.

- *Das innere Territorium:*
  Es sind dies Wünsche, Träume, Gedanken und Einstellungen.

2. Dominanzverhalten und Imponiergehabe

Das Dominanzverhalten dient unter anderem dazu, unser Territorium zu behaupten. Wir zeigen Überlegenheit und Macht, damit der andere unser Revier nicht verletzt und es

keinesfalls für sich beansprucht.
Dominanz hat immer auch etwas mit Stärke zu tun. Der Stärkere unterwirft den Schwächeren und beansprucht den ersten Platz und „die beste Beute".

3. Werbungs-, Balz- und Paarungsverhalten

Mit dem Werbungs-, Balz- und Paarungsverhalten wollen wir einen geeigneten Partner finden.

Die Partnerwahl hängt von vielen Faktoren ab:

a) Einerseits ist der körperliche Reiz wichtig, wobei die verschiedenen Geschlechtsmerkmale eine Rolle spielen.

b) Andererseits kommt es auch auf das Verhalten an.
Zum Beispiel:

- positive Gesten (zum Beispiel: den anderen etwas länger anschauen, eine flüchtige Berührung)
- eine offene Körperhaltung

Wir erkennen an diesen Anzeichen bewusst oder unbewusst, dass der andere uns mag.

Revier- und Territorialverhalten

Das *Revierverhalten* ist uns bei *Tieren* sehr vertraut. Tiere stecken ihre Reviere ab, indem sie diese markieren. Sie bewachen ihre Reviere sorgfältig und schlagen Eindringlinge in die Flucht.
Auch wir *Menschen* haben *Territorien*, die wir abstecken, abgrenzen, beschützen und verteidigen. Die *Reviergrenzen* können sichtbar/erkennbar oder unsichtbar/nicht unmittelbar erkennbar sein.

Reviergrenzen – Grenzziehungen

a) *Sichtbare/erkennbare Grenzen*
Zum Beispiel: Der Grenzposten markiert die Landesgrenze, der Gartenzaun um das Haus zeigt die Grundgrenze, das Auto gilt als Erweiterung der Körpergrenze, die Bürotür ist die Grenze zum Revier des Kollegen, am Schreibtisch werden persönliche Gegenstände deponiert, der Sitzplatz am Besprechungstisch wird mit Unterlagen oder Kleidungsstücken markiert, Titel von Personen stellen Grenzmarkierungen dar.

b) *Unsichtbare/nicht unmittelbar erkennbare Grenzen*
Zum Beispiel: der persönliche Raum um uns (siehe „Distanzzonen", Seite 42), das Wissensrevier einer Person.

Um Ärger und Konflikte (Grenz- und Revierkonflikte) zu vermeiden, ist es ganz wesentlich, die Territorien unserer Mitmenschen zu erkennen und nicht unerlaubt in sie einzudringen.

Erlaubtes Eindringen in das Revier

a) Wir fragen vor dem Eindringen:
„Darf ich Ihr Telefon benutzen, mich kurz auf Ihren Stuhl setzen?"

b) Wir werden verbal oder körpersprachlich dazu eingeladen:
Mit einer einladenden Handbewegung: „Bitte kommen Sie herein!" – „Du kannst in meiner Abwesenheit gern meinen Schreibtisch benutzen."

Revierverletzungen

Unerlaubtes Eindringen in unser Revier löst in uns Unlustgefühle aus. Wir fühlen uns unwohl, werden aggressiv oder wollen der Situation entfliehen.
Revierverletzungen sind uns oft gar nicht bewusst. Ein genaues Beobachten der Körpersprache kann dabei hilfreich sein: Wenn wir beispielsweise einer anderen Person körperlich zu nahe kommen, weicht diese mit dem Körper zurück, tritt einen Schritt zurück (Fluchtverhalten) oder schlägt einen aggressiveren Tonfall an (Kampfverhalten).
Auch *Gerüche* können Revierverletzungen darstellen, wenn sie von den anderen als unangenehm empfunden werden; zum Beispiel: Zigarettenrauch, ein starkes Parfüm.
Mehr über Grenz- und Revierkonflikte und wie Sie positiv damit umgehen können, erfahren Sie in meinem Buch „Grenzen setzen bei Erwachsenen".

Dominanzverhalten – Imponiergehabe

Wir Menschen haben das Bedürfnis, unsere Überlegenheit zur Schau zu stellen. Der Stärkere dominiert über den Schwächeren.

Ich bin GRÖSSER.
Ich bin STÄRKER.
Ich bin SCHNELLER.

Typisches Dominanzverhalten

- Ich strecke meinen Körper, um mich größer zu machen.
- Ich strecke mein Kinn vor, um meinen Willen zu zeigen.
- Ich blähe meinen Brustkorb auf.
- Ich werfe meinem Gegenüber einen intensiven, scharfen Blick zu. Durch den Blickwechsel und die Dauer des Blickes werden Kraft und Ausdauer des Gegners abgeschätzt.
- Ich starre den anderen unverhohlen an.
- Ich stemme die Arme in die Hüften.
- Ich schnaube verächtlich durch die Nase.
- Ich zeige mit dem Finger auf den anderen (ein ausgestreckter Zeigefinger am ausgestreckten Arm).
- Ich stehe mit verschränkten Armen breitbeinig da (Körperhaltung eines Türstehers).

- Ich verletze die Distanzzone.

- Ich falle dem anderen ins Wort.

- Dominanzsignale gehen stets von oben nach unten. Zum Beispiel:

  - Meine Hand kommt von oben und klopft dem anderen auf die Schulter, auf den Unterarm oder auf die Hände.
  - Beim Begrüßen wird die zweite Hand noch oben darauf gelegt.

- Generell gilt: Jede Berührung, die die Bewegungsfreiheit des anderen begrenzt, zeugt von Dominanz.

Die Antwort auf dominantes Verhalten kann sein:

a) Widerstand bieten, ebenfalls Dominanzverhalten zeigen:
Ein Kampf ist unvermeidlich.

b) Scheinbare Unterwerfung:
Es wird dann unbewusst Widerstand geleistet.

c) Volle Unterwerfung, wenn die Überlegenheit des anderen anerkannt wird:
Der Unterworfene macht sich klein, fügt sich ein.

Werbungs- und Balzverhalten

Wenn Männer und Frauen einander begegnen, beginnt ein *Werbungs- und Balzverhalten*, um einen potenziellen Partner anzulocken. Wirbt jemand um einen Partner, so gibt er diesem gegenüber immer ein Versprechen ab. Es wird ein Erlebnis in Aussicht gestellt. Manche Werbungsgesten sind sorgfältig einstudiert, andere dagegen geschehen ganz unbewusst.

Werbung um einen Partner ist stets das Versprechen eines Erlebnisses.

Automatische körperliche Reaktionen sind:

- Der Körper richtet sich aus einer schlaffen Haltung in eine gerade Position auf.
- Die Brust wird herausgestreckt.
- Der Bauch wird eingezogen.
- Die Muskelspannung erhöht sich.
- Die Augen beginnen zu glänzen, die Pupillen weiten sich.
- Der ganze Mensch erscheint jugendlicher.

Männliche Werbungsgesten

Wie bei vielen Männchen im Tierreich ist es auch das Ziel des menschlichen Männchens, sich schöner zu machen. Verschönerungsgesten sind zum Beispiel: die Krawatte, den Gürtel, die Jacke zurechtrichten; am Kragen herumfummeln; den unsichtbaren Staub von der Schulter wischen; durchs Haar streichen, um es zu ordnen.

Weitere körpersprachliche Werbungsgesten sind:

- Ich wende mich der Frau zu und zeige mit dem Fuß auf sie.
- Ich werfe der Frau einen intimen Blick zu und halte diesen einen Sekundenbruchteil länger als üblich.
- Ich stelle die Hände in die Hüften, um meine Körpergröße und meine Paarungsbereitschaft zu unterstreichen.
- Ich spreize die Beine ein wenig, um auf mein Geschlecht hinzuweisen.
- Ich stecke den Daumen in den Gürtel, um die Aufmerksamkeit der Frau auf den Genitalbereich zu lenken.

Weibliche Werbungsgesten

- Ich streiche meine Kleidung glatt.
- Ich berühre mein Haar.
- Ich werfe dem Mann einen intimen Blick zu und halte einen verlängerten Augenkontakt zu ihm.
- Ich werfe den Kopf schnell nach hinten.
- Ich entblöße meine Handgelenke (der Bereich um die Handgelenke wird für hocherotisch gehalten) und zeige meine Handflächen.
- Ich öffne meinen Mund leicht und befeuchte meine Lippen mit der Zunge.
- Ich öffne die Beine etwas weiter.
- Ich schwinge beim Gehen stärker mit den Hüften.
- Ich spiele mit dem Schuh, schlüpfe immer wieder in ihn hinein und aus ihm heraus.

Zur Wichtigkeit des ersten Eindrucks: Nur 20 % der Männer hinterlassen auf Anhieb einen guten Eindruck, die Frauen bringen es immerhin auf 30 %. Nach vier Monaten ist bei 80 % der Menschen der erste Eindruck noch immer der prägende.

12 Stufen des Paarungsverhaltens

Die Annäherung zwischen den Geschlechtern läuft in Stufen ab. Dabei kommt es fortlaufend zu intimeren Körperkontakten. In jedem Stadium der Annäherung muss vom Partner die Bereitschaft und Zustimmung signalisiert werden, bevor ein nächster, intimerer Schritt der Annäherung gesetzt werden darf.

Paarungsverhalten (nach Desmond Morris)

1. Auge – Körper:
   Es ist dies die Stufe des Schauens.

2. Auge – Auge:
   Man schaut dem anderen etwas länger als üblich in die Augen, blickt sich gegenseitig an, der Blick des anderen wird gesucht.

3. Stimme – Stimme:
   Es ist dies die Stufe des Gesprächs. Persönliche Informationen, Ansichten, Vorlieben und Abneigungen werden ausgetauscht.

4. Hand – Hand:
   Es ist dies die erste Stufe körperlicher Berührungen. Zu Beginn handelt es sich dabei oft um getarnte Gesten (Hilfestellungen, Schutzgesten, Führungsgesten).

5. Arm – Schulter:
   Es wird ein etwas engerer Körperkontakt aufgenommen.

6. Arm – Taille:
   Die Berührung ist bereits ein wenig intimer und bringt die Hand des Mannes den sexuellen Körperzonen der Frau etwas näher.

7. Mund – Mund:
Der Kuss ist die erste wirklich erregende intime Annäherung.

8. Hand – Kopf:
Zum Kuss kommen Liebkosungen dazu, die Hand berührt das Gesicht und das Haar des Partners.

9. Hand – Körper:
Mit den Händen wird der Körper des Partners betastet und gestreichelt.

10. Mund – Brust:
In einer geschützten und intimen Umgebung beginnen die Partner mehr oder weniger bekleidet mit den Lippen die nackte Haut des Körpers des anderen zu entdecken.

11. Hand – Geschlechtsorgan:
Die Hände bewegen sich auf die Genitalzonen zu und stimulieren diese tastend.

12. Geschlechtsorgan – Geschlechtsorgan:
Der genitale Kontakt wird hergestellt.

Intimzonen

Die Berührung von Intimzonen zeigt bereits einen hohen Grad der Annäherung. Als Intimzonen gelten in unserem Kulturkreis:

Bei Männern:	Becken, Oberschenkel, Brust, Kopf, Gesicht, Genitalien
Bei Frauen:	Busen, Becken, Halspartie, Oberschenkelinnenseiten, Kopf, Gesicht, Genitalien

Literaturverzeichnis

- Birkenbihl, Vera F.: „Durch Körpersprache zum Erfolg – Signale des Körpers", Business zum Hören, München/ Landsberg am Lech: mvg-Verlag, 1992

- Birkenbihl, Vera F.: „Signale des Körpers – Körpersprache verstehen", München/Landsberg am Lech: mvg-Verlag, 1994

- Conen, Horst: „Die Kunst, mit Menschen umzugehen – Das Basisbuch für erfolgreiche Kommunikation", München: Knaur-Verlag, 2003

- Fast, Julius: „Körpersprache", Reinbek bei Hamburg: Rowohlt-Verlag, 2003

- Höglinger, August: „Grenzen setzen bei Erwachsenen", Linz: Verlag A. Höglinger, 2002

- Molcho, Samy: „Alles über Körpersprache", München: Mosaik-Verlag, 1995

- Molcho, Samy: „Körpersprache", München: Bassermann'sche Verlagsbuchhandlung, 2003

- Molcho, Samy: „Körpersprache im Beruf", München: Goldmann-Verlag, 1997

- Molcho, Samy: „Partnerschaft und Körpersprache", München: Mosaik-Verlag, 1990

- Morris, Desmond: „Bodytalk – Körpersprache, Gesten und Gebärden", München: Heyne-Verlag, 1995

- Morris, Desmond: „Der Mensch, mit dem wir leben – Ein Handbuch unseres Verhaltens", München: Heyne-Verlag, 1995

- Pease, Allan und Barbara: „Der tote Fisch in der Hand und andere Geheimnisse der Körpersprache", München: Ullstein-Verlag, 2003

- Rebel, Günther: „Mehr Ausstrahlung durch Körpersprache", München: GU-Verlag, 1997

- Topf, Cornelia: „Körpersprache für freche Frauen", Frankfurt am Main: Redline Wirtschaft, 2004

Weitere Bücher

von August Höglinger

Zeit haben heißt NEIN sagen

NEIN sagen ist eine Schlüsselqualifikation für den Umgang mit der Zeit. Die vorgeschlagenen Methoden, Tipps und Anregungen sind zu 100 % in die Praxis umsetzbar, einfach anwendbar und äußerst wirkungsvoll. Das Arbeitsbuch besteht aus 52 Arbeitsblättern (für die Wochen des Jahres). Es begleitet Sie im Idealfall ein Jahr lang als Ihr persönlicher Berater oder Coach und verhilft Ihnen bei konsequenter Anwendung zu mehr Zeit und Lebensqualität.

Preis: Buch € 22,-
ISBN: 3-9501137-0-3

Lust auf Meditation

Sie sollten dieses Buch lesen, wenn Sie nach Klarheit in wichtigen Fragen und Entscheidungen suchen, wenn Sie innerlich ruhiger und ausgeglichener werden wollen, wenn Sie das Meditieren praktisch erlernen oder einfach nur Grundlegendes über Meditation erfahren möchten. Meditationslehrer, Coach und Autor August Höglinger gibt Antworten auf Fragen, die sich jeder einmal stellt.

Preis: Buch € 25,-
ISBN: 3-9501137-2-X

Loslassen ohne zu vergessen

Wie ich loslassen lernen kann: Dieses Buch ist ein praktischer Ratgeber zum Loslassen. Sie lernen die zehn Schritte des Loslassens, die im Todesfall oder bei einer Trennung zu gehen sind. Wertvolle Hinweise zum Trauern und zum Umgang mit Trauernden ergänzen die zehn Schritte des Loslassens. Sie werden wieder frei – ohne das Vergangene vergessen oder verdrängen zu müssen.

Preis: Buch € 20,-
ISBN: 3-9501137-3-8

Grenzen setzen bei Erwachsenen

In diesem Buch geht es um die Grenzen und Reviere bei Erwachsenen im privaten und beruflichen Umgang miteinander. Es soll jenen helfen, die sich schwer tun, Grenzen zu setzen und NEIN zu sagen. Zahlreiche Vorschläge und Übungen zur Lösung von Grenz- und Revierproblemen werden angeboten. In 29 lebensnahen Geschichten kann sich jeder mühelos mit den behandelten Problemstellungen identifizieren.

Preis: Buch € 25,-
ISBN: 3-9501137-1-1

Inthronisation

In diesem Buch werden die wesentlichen Rituale der Übergabe von Führungsmacht beschrieben. Werden bei der Verabschiedung des „alten Regenten" und bei der Einsetzung des „Thronfolgers" auch nur kleinste Fehler gemacht, so kann das weit reichende negative Folgen für das Unternehmen, die Mitarbeiter und die Führungskraft selbst haben. Dieses Buch leistet einen wichtigen Beitrag zur erfolgreichen Neubesetzung von Führungspositionen. Ein Ratgeber für alle, die für die Wahl des richtigen Kandidaten verantwortlich zeichnen. Chefs, Personalberater, Trainer und Regenten in spe sind eingeladen, die Spielregeln der Inthronisation kennen zu lernen.

Preis: Buch € 20,-
ISBN: 3-9501137-4-6

CDs

von August Höglinger

Zeit haben heißt NEIN sagen
Vortrag - Studioaufnahme
Preis: CD € 18,-
ISBN: 3-902410-00-0

Grenzen setzen bei Erwachsenen
Vortrag - Studioaufnahme
Preis: CD € 18,-
ISBN: 3-902410-01-9

Loslassen ohne zu vergessen
Vortrag - Studioaufnahme
Preis: CD € 18,-
ISBN: 3-902410-08-6

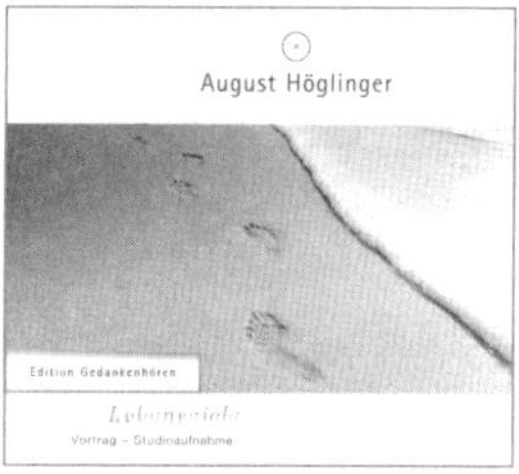

Lebensziele
Vortrag - Studioaufnahme
Preis: CD € 18,-
ISBN: 3-902410-09-4

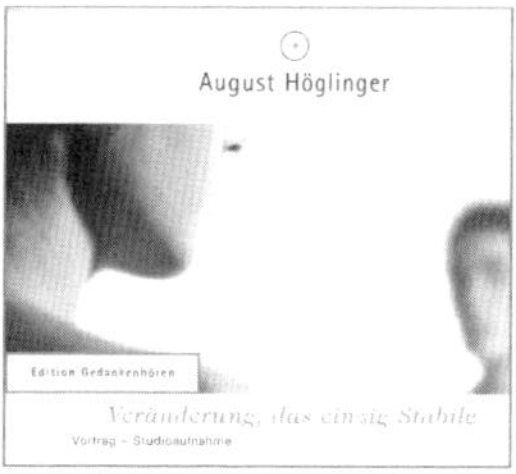

Veränderung, das einzig Stabile
Vortrag - Studioaufnahme
Preis: CD € 18,-
ISBN: 3-902410-03-5

Die Firma - unsere 2. Familie
Vortrag - Studioaufnahme
Preis: CD € 18,-
ISBN: 3-902410-04-3

CDs

von August Höglinger

Männer – was Frauen über sie wissen sollten
Vortrag – Studioaufnahme
Preis: CD € 18,–
ISBN: 3-902410-07-8

Leben in gelungenen Beziehungen
Vortrag – Studioaufnahme
Preis: CD € 18,–
ISBN: 3-902410-06-X

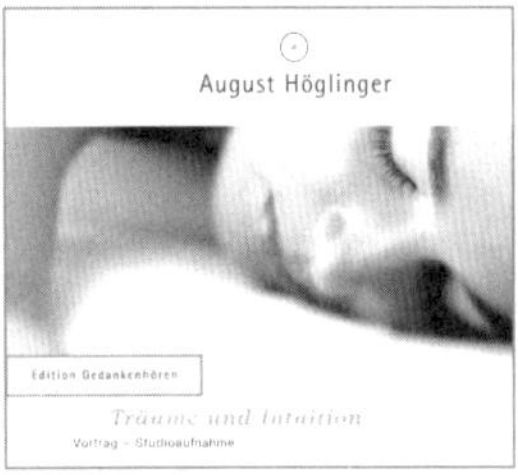

Träume und Intuition
Vortrag – Studioaufnahme
Preis: CD € 18,–
ISBN: 3-902410-50-1

Der Weg nach Innen – Meditation
Vortrag – Studioaufnahme
Preis: CD € 18,–
ISBN: 3-902410-02-7

Meditation für Körper und Seele
Liveaufnahme
Preis: CD € 18,–
ISBN: 3-902410-10-8

www.hoeglinger.net
das Programm

- Seminare
- Lehrgänge
- Coaching
- Vorträge
- Skripten